Ralph Skuban

Leben, Tod und Unsterblichkeit

Von der Unvergänglichkeit der Seele

Die verborgene Weisheit der Katha-Upanishad

Ralph Skuban

Leben, Tod und Unsterblichkeit

Von der Unvergänglichkeit der Seele

Die verborgene Weisheit der Katha-Upanishad

Aquamarin Verlag

Der Aquamarin Verlag weist ausdrücklich darauf hin, dass im Text enthaltene externe Links vom Verlag nur bis zum Zeitpunkt der Buchveröffentlichung eingesehen werden konnten. Auf spätere Veränderungen hat der Verlag keinerlei Einfluss. Eine Haftung des Verlags für externe Links ist stets ausgeschlossen.

Deutsche Originalausgabe

1. Auflage 2024

Voglherd 1 • D-85567 Grafing

Umschlaggestaltung: Annette Wagner

Druck: CPI • Ulm

ISBN 978-3-89427-936-3

Für Nella

Von der Illusion führe mich zur Wirklichkeit.
Aus der Dunkelheit führe mich ins Licht.
Vom Tod führe mich zur Unsterblichkeit.

Brihadaranyaka-Upanishad[1]

Inhalt

Vorwort

Wenn ich jemanden sterben sah – was ziemlich oft der Fall war, denn ich leitete mein halbes Leben lang eine Einrichtung für demenzkranke Pflegebedürftige –, immer also, wenn ich einen Menschen sterben sah, fiel mir der Atem auf: dieses Ringen um die letzten Züge. Jedes Einatmen und jedes Ausatmen ein Kampf. Am Ende des Lebens – das weiß ich jetzt – ringen wir um den Atem. Die Abstände zwischen Ein- und Ausatmung werden immer länger. Man wartet. Wann folgt der letzte Atemzug, jener, mit dem das Leben endgültig ausgehaucht wird und der belebende Odem den Körper verlässt?

Wenn es dann kam, dieses letzte Einatmen und die darauf folgende Ausatmung, jenes finale Loslassen, auf das nur noch Stille folgt und kein Einatmen mehr: Was, fragte ich mich dann und frage ich mich bis heute, was ist gerade gegangen? Was hat den Körper verlassen, das nur wenige Momente zuvor noch zugegen war? Eine Sekunde nur trennt Leben und Tod. Und alles, was das Vorher vom Nachher unterscheidet, ist der Atem. An ihm hängt unser Leben.

Was nur ist dies Leben?
Und was das Sterben?
Warum sind wir hier, und wohin gehen wir?
Der Geist ins Nichts, der Körper in die Erde?

Die Katha, die beliebteste der Upanishaden – jenen jahrtausendealten Schriften, die den Höhepunkt des philosophischen Denkens in Indien markieren –, die Katha versucht eine Antwort auf diese Fragen zu geben. Sie lässt dazu den Tod als Lehrer auftreten. Sein Schüler ist ein Junge. Könnten wir uns einen weiseren Lehrer für das Leben denken, für ein Leben, das sich doch so sicher zum Tod hinbewegt, wie die Erde ihre Bahnen um die Sonne zieht? Und könnte es einen besser geeigneten Schüler geben als Nachiketa, ein Kind, das offenen Geistes und Herzens, obwohl noch am Anfang des Lebens stehend, so viel Neugier und Forscherdrang besitzt, um nach Antworten auf die letzten Fragen des Seins zu suchen?

Wir alle wissen, dass unsere Reise als körperliche Wesen auf der Erde zu Ende gehen wird. Vielleicht heute schon oder morgen. Vielleicht erst in einigen Jahren. »Das Leben vergeht so schnell!«, hörte ich alte Menschen immer wieder sagen. Dieses Leben. Tatsächlich wissen wir nichts darüber. Was ist es? Und was bedeutet der Tod? Darauf gibt es keine befriedigenden Antworten im Rahmen des westlich-wissenschaftlichen Denkens. Solche Antworten wären aber wichtig, weil sie uns helfen könnten, die Zeit von der Geburt bis zum Tod *sinn*-voll zu leben. Gibt es einen Plan? Was soll ich tun? Hat mein Leben irgendeinen Sinn?

Die Gewissheit des Todes in Verbindung mit dem Nichtwissen um den Sinn des Lebens motivierte die Menschen seit Urzeiten, zu Erforschern ihres Inneren zu werden und dem Geheimnis des Seins auf die Spur zu kommen. Die Wissenschaft hat sich darauf geeinigt, wie man den Tod definiert: Als sogenannte »Null-Linie« auf einem Elektroenzephalogramm (EEG), die das Versiegen der elektrischen Ströme im Gehirn anzeigt. Doch wie oft schon kamen Menschen auch von jenseits dieser Linie wieder zurück und brachten überwältigende Geschichten von inneren Erfahrungen mit, die es dieser Definition gemäß gar nicht hätte geben dürfen.

Ob es wahr ist, was zahllose Menschen über ihre Nahtod-Erfahrungen berichten, mögen Wissenschaftler in Zweifel ziehen, wenn sie sagen, dass jede Erfahrung ein Produkt des physischen Gehirns sei. Alles, was dem zu widersprechen scheint, lehnen sie ab. Menschliche Erfahrungen und Forschungsergebnisse, sagt der niederländische Arzt und Nahtod-Forscher Pim van Lommel, »die sich nicht im Rahmen des derzeitigen Weltbildes erklären lassen, werden als ›anormale Phänomene‹ betrachtet.«[2]

Doch unabhängig von der Frage, ob Nahtod-Erlebnisse Wirklichkeitscharakter haben oder nicht: Das Wunder ist doch schon, dass jenseits der Null-Linie des EEGs überhaupt etwas erfahren werden kann! So steht die Wissenschaft heute vor dem Rätsel, dass »Gestorbene« Erfahrungen machen, ins Leben zurückkehren und davon berichten. Meist werden sie nicht recht ernst genommen, was die Integration solch transfomierender Erfahrungen umso schwerer macht. Wer tiefer in sein Inneres geht, muss sich mental darauf einrichten, in gewisser Hinsicht auch tiefer in die Einsamkeit zu gehen. Manche Erfahrungen lassen sich nur mit wenigen Menschen teilen.

Am hergebrachten Dogma festzuhalten ist für die Wissenschaft wohl einfacher, als die eigenen Grundannahmen ernsthaft in Frage zu stellen, also die Denkmöglichkeit zuzulassen, dass wir jenseits der Linie des definierten Todes weiterexistieren könnten. Wahre Wissenschaft muss jedoch offen sein, undogmatisch. Etwas *a priori* zu negieren, ist sogar höchst unwissenschaftlich. »Ab dem Tag, an dem die Wissenschaft anfängt, nichtphysische Phänomene zu untersuchen«, sagte der in Kroatien geborene Physiker Nikola Tesla (1856–1943), »wird sie in einem Jahrzehnt mehr Fortschritte erzielen als in allen vorangegangenen Jahrhunderten.«[3]

Man hat nun also eine leidlich treffende Definition von Leben und Tod gefunden. Doch was diese *sind,* weiß man bis heute nicht. Nur in philosophisch-spirituellen Kategorien lassen sie sich derzeit noch fassen, unser Leben und Sterben, dabei ein Denken zulassend, das über die Annahme, Leben sei nur als physisches Sein möglich, weit hinausgeht.

Thema dieses Buches ist ein Gespräch zwischen Yama, dem König des Todes, und Nachiketa, einem Jungen, der nach absoluter Wahrheit und Unsterblichkeit sucht. Es wurde aufgeschrieben vor tausenden von Jahren in Indien, einer uns fremden Kultur. Der Text mag alt sein und aus einem fernen Land stammen. Doch es geht darin um *uns*, ganz egal, wo und wann wir geboren wurden. Das Leben und das Sterben sind zeitlos und interkulturell. Leben und Tod sind natürlich nicht nur zutiefst menschlich, sondern alles umgreifend, denn nichts lebt ewig, nicht einmal unsere Sonne: Sie wird sich eines fernen Tages ausdehnen zu einem riesenhaften Ball aus Feuer und heißem Gas, wird alle sie umgebenden Planeten verbrennen, um schließlich in sich zusammenzufallen, um zu sterben. Auch unsere immer noch blühende Erde, diese blaue und so zarte Blume im Kosmos, dieser Planet, dem wir jeden Tag so viel Schmerz zufügen, wird dabei verglühen. Es ist nur eine Frage der Zeit.

Alles kommt und geht. Doch bedeutet das auch, dass der Tod existiert – als ein endgültiges Aus? Der Tod selbst würde dem nicht zustimmen, ganz im Gegenteil. Das Gespräch zwischen Yama, dem König des Todes, und dem Knaben Nachiketa stellt uns das Höchste in Aussicht, das sich denken lässt: die Erkenntnis und die Erfahrung, dass wir nicht sterblich sind, dass der Tod nichts anderes ist als ein gigantischer Irrtum, dem wir aufsitzen und deshalb Leid erfahren. Immer wieder kommen und gehen wir, leben fort und fort von Existenz zu Existenz. Wir treten immer wieder aufs Neue ein in einen Prozess, in dem wir die Freuden und das Leid in der Dualität des Seins erleben und schließlich erkennen, dass wir in Wahrheit ewig leben. Yama, der Tod selbst erklärt uns das. Den Tod also: Es gibt ihn nicht.

Die existenzielle Erkenntnis unserer Unsterblichkeit kann allein aus *einem* Ort ausfließen. Davon berichtet nicht nur Yama, alle Mystiker aller Zeiten berichten davon – aus der lebendigen Stille in unserem Inneren, aus der Stille, die in unseren Herzen klingt, von dort, wo das Licht brennt:

Die Sonne in all ihrem Glanze
offenbart nur eine vergängliche Welt.
Nur das innere Licht erleuchtet die Ewigkeit.
Nur dies Licht kann uns nach Hause führen.

Tao Te King[4]

Die Katha-Upanishad

OM. Möge der Schöpfer uns beide beschützen und führen.
Möge er uns die Kraft geben, Erkenntnis zu erlangen.
Mögen unsere gemeinsamen Studien uns zur Wahrheit führen.
Mögen niemals negative Gefühle zwischen uns sein.
OM – Shanti, Shanti, Shanti.

Alle Upanishaden beginnen mit einer Anrufung oder Invokation, einer Hinwendung zum höchsten Prinzip des Lebens, zum *Brahman,* wie man in Indien die schöpferische Quelle des Seins nennt. Noch tausend andere Namen fand man für den Ursprung des Seins, deren Rezitation der weise Bishma seinem Schüler Yudishtira, einem tapferen Krieger, als spirituelle Übung empfahl: das Singen der tausend Namen Gottes. Ob wir es nun »Quelle«, »Ursprung«, »Gott« oder auch anders nennen wollen: Es ist nicht wichtig, ob diese Idee eines Höchsten für uns etwas rein Abstraktes bedeutet oder ob wir ihr einen konkreten Namen geben möchten. Wir können sie als Energie oder Kraft verstehen, als das Prinzip von Liebe und Güte oder auch als eine Wesenheit, der wir Form und Gesicht geben möchten. Was Brahman sein könnte, brachte der chinesische Weise Laotse vor 2500 Jahren in seinem *Tao Te King* zum Ausdruck. Das Brahman der Upanishaden ist für ihn das Tao.

»Etwas Formloses, vollständig in sich selbst
Schon da vor Himmel und Erde
Still, weit, alleinstehend, unveränderlich
Es sorgt für alle Dinge und kann sich dennoch nicht erschöpfen
Es ist die Mutter des Kosmos
Ich kenne nicht seinen Namen
Also nenne ich es ›Tao‹«

Würde man das Wort »Tao« durch »Brahman« ersetzen, könnten diese Verse des Tao Te King auch in den Upanishaden stehen, ohne dass auch nur der geringste Widerspruch zum Kern ihrer Botschaft bestünde, denn diese Zeilen Laotses sind die zeitlose Essenz aller spirituellen Weisheit. Laotse fährt fort mit Worten, die ebenso gut aus Yamas Mund stammen könnten:

»Genötigt, es (das Tao) weiter zu benennen
Nenne ich es
›Die Großartigkeit aller Dinge‹
›Das Ende aller Enden‹
Ich nenne es
›Das, was jenseits dessen liegt, was jenseits liegt‹
›Das, wohin alles zurückkehrt‹.«[5]

Aus Sicht der Upanishaden ist dieses Höchste seit Anbeginn der Zeit eins mit uns, niemals von uns getrennt. Das Transzendente ist uns immanent. Für diese Idee steht die Aussage, dass Brahman eins ist mit *Atman,* der Kraft, die uns belebt und den Atem schenkt. Von Atman leitet sich etymologisch übrigens auch das deutsche Wort *Atem* her.

Das Brahman oder Gott in seiner Unbegrenztheit ist sicher nicht eifersüchtig auf die Form, die wir ihm geben, oder das Bild, das wir wählen, um uns ihm anzunähern. Das »Bilderverbot«, wie wir es zum Beispiel in der Bibel finden und wie es auch im muslimischen Glauben eine Rolle spielt, ist, so meine ich, sicher nicht als äußeres Verbot gemeint:

> »Du sollst dir kein Bildnis noch irgendein Gleichnis machen, weder von dem, was oben im Himmel, noch von dem, was unten auf Erden, noch von dem, was im Wasser unter der Erde ist: Bete sie nicht an und diene ihnen nicht!«[6]

Dieses »Verbot«, so lese ich die tiefere Botschaft darin, ist nur ein Hinweis darauf, dass Bilder nicht die Wirklichkeit selbst sind, sondern eben nur Bilder. Sie mögen – vielleicht – der Finger sein, der auf die Wirklichkeit verweisen will, aber nicht mehr. Und wenn wir aus Bildern Götzen machen, entstehen große Probleme. Der eifersüchtige Streit der Menschen, wessen Bild den wahren Gott zeige, ist eines davon. Unendlich viel Blut wurde im Streit um diese Frage schon vergossen, und daran hat sich bis heute nichts geändert. Wenn wir uns nicht in Toleranz üben, können die Bilder, die wir uns vom Höchsten machen, trennen statt zu verbinden.

Doch wenn wir mit offenen Augen schauen, können Bilder uns vielleicht auch helfen. Der menschliche Geist tut sich nämlich schwer, mit rein abstrakten Ideen in Verbindung zu treten. Der Geist braucht Greifbares. Manchmal freilich malt der Mensch sich Gott allzu menschlich aus. Der eifersüchtige, zornige oder sogar strafende Gott, wie wir ihn zum Beispiel aus dem Alten Testament kennen, ist wohl nur der Versuch des Menschen, sein eigenes Wesen einem höheren Sein zuzuschreiben: eine Projektion, die übersieht, dass der Mensch seine Einheit mit dem Ganzen in Wahrheit nie verloren, sondern nur vergessen hat. Er fühlt sie nicht mehr. Deshalb schmerzt sein Herz.

Der Weg der Selbsterforschung, Mystik oder Introspektion will das Höchste nicht zum Menschen machen. Vielmehr geht es darum zu erkennen, dass wir letztlich umfangsgleich sind mit dem Ganzen des Seins, als Teil des Ganzen so unbegrenzt wie das Höchste. Wir kommen aus dem Ganzen, sind ein Teil davon, sind sein Spiegel und gehen irgendwann wieder darin auf. In der Kaivalya-Upanishad lesen wir:

> »Alles kommt aus mir. Alles ist in mir.
> Und alles kehrt zurück zu mir.
> Ich bin Brahman – das Eine ohne ein Zweites.«[7]

Die Invokation der Katha spricht von »uns beiden« und meint damit eben das, was das Wort *Upanishad* selbst zum Ausdruck bringt: Schüler und Lehrer sitzen beisammen, der Schüler zu Füßen des Lehrers, und studieren gemeinsam die Lehren der Weisen. In alter Zeit verbrachten sie oft viele Jahre zusammen an einem Ort. Sie durchlebten das Auf und Ab des menschlichen Miteinanders und gingen auch das Risiko ein, dass das Band der Liebe zwischen ihnen reißen konnte, denn sogar erleuchtete Lehrer sind am Ende einfach nur Menschen. Daher die Bitte in der Invokation, dass niemals negative Gefühle zwischen ihnen aufkommen mögen.

Die Anrufungen der Upanishaden beginnen immer mit OM. Und sie enden mit der Bitte um *Shanti* oder Frieden – auch dies ist übrigens einer der tausend Namen Gottes. Gemeint ist hier vor allem der *innere* Frieden, das Ziel der spirituellen Suche, das man auch *Yoga* nennt, die Verbindung mit der höchsten Wirklichkeit in uns selbst. Im Wort OM, auf das Yama schon früh in der Katha zu sprechen kommt, verdichtet sich nicht nur die Botschaft der Katha zu einem einzigen Klang, es ist geradezu die Essenz und Zusammenfassung aller Upanishaden. OM steht für den grundlosen Anfang der Welt und das zeitlose Ende des Seins, für die Unendlichkeit ebenso wie für die begrenzte Welt, die aus ihr fließt. Vor allem aber steht OM für die Stille *nach* OM. Für den Frieden.

Versuche einmal diese einfache Übung:
Setze dich bequem hin und schließe die Augen. Komm ein wenig zur Ruhe.

Nimm einen tiefen Atemzug, halte die Luft ein paar Sekunden an und atme dann aus. Lasse über die ganze Ausatmung hinweg OM erklingen. Du chantest OM. Spüre dabei die Schwingung, die deinen Körper erfasst. Beim M kannst du das besonders gut wahrnehmen.

Jetzt höre und spüre in die Stille danach. Diese Stille, dieser Frieden: DAS bist du – *Tat tvam asi.* Das ist ein großer Ausspruch, ein *Mahavakyam,* ein Satz, für den man mancherorts noch heute mit dem Tode bestraft würde, denn im Grunde sagt er: »Du bist Gott. Du kannst nicht sterben.« Nicht weniger als das sagt uns Yama, der Tod selbst.

TEIL I

1. Kapitel

Du bist unvergänglich.
Du bist die ewige Wirklichkeit.
Du bist die Quelle des Lebens.

Chandogya-Upanishad[8]

Es war einmal vor langer Zeit in Indien ...

> 1 Um die Gunst der Götter zu gewinnen, hielt Vajashrava einst ein Opfer-Ritual ab, in welchem er seinen ganzen Besitz hergeben sollte. Vajashrava hatte einen Sohn mit Namen Nachiketa.

Vajashrava war ein Priester und Gelehrter. Doch nicht die Erleuchtung suchte er, die endgültige Befreiung aus dem Rad des *Samsara,* dem äonenlangen Kreislauf des Lebens, Sterbens und Wiederneu-geboren-Werdens, sondern himmlische Freuden. Wer von uns würde ihnen auch entsagen wollen?

In der spirituellen Philosophie Indiens ist der Himmel, so wunderbar die Erfahrungen, die wir dort machen können, auch sein mögen, nicht die endgültige Erlösung, sondern nur eine vorübergehende Rast in der Welt der Feinstofflichkeit nach einem fordernden physischen Leben, das in der Regel mit dem »schmerzhaften Bardo« des Todes, wie man es im Tibetischen Buddhismus nennt, sein Ende findet: der Tod als Übergang von einer Existenzebene zur anderen, eine Durchtrittspforte in ein anderes Sein, nicht aber ein Nichtsein.

Der Himmel ist wie die Welt unserer Träume und des traumlosen Tiefschlafs, die wir nach einem anstrengenden Tag betreten, ein anderer Erfahrungsraum. Die Erfahrungsräume mögen sich verändern, doch wir bleiben, wer wir sind: Ich bin ich, ob ich wache oder träume, auch wenn mein Temperament, meine Gedanken, Gefühle und Handlungen im Traum andere sein mögen als im Wachzustand. Vajashrava bleibt Vajashrava, auf Erden wie im Himmel, in seinem physischen Körper und ohne ihn.

Wie lange wir in unseren Erfahrungsräumen auch leben, letztlich müssen wir sie alle wieder verlassen. Nach jedem Schlaf folgt ein neues Erwachen, nach der Rast im Himmel ein weiteres Leben in einem Körper aus Fleisch und Blut.

In diesen Himmeln sind nicht einmal die Götter unsterblich, sondern genießen nur die positiven Konsequenzen ihrer früheren Handlungen. Einst wird die Kraft ihres angesammelten Karmas versiegen, und sie werden wieder hinabsteigen in die Welt der Menschen, wie wir alle das tun, um zu lernen und Erfahrungen zu machen, bis wir *Kaivalya*, die endgültige Befreiung, erlangt haben. Wieder und wieder machen wir die Erfahrung des Getrenntseins, indem wir uns aus der Ganzheit in ein Leben begeben, das von der Polarität aus Freud und Leid bestimmt ist, bis wir endlich erkennen, dass wir eins sind mit allem, was ist.

2–3 Obgleich Nachiketa noch jung war, hatte er schon tiefes Vertrauen in die Schriften. Als er sah, welches Opfer sein Vater den Brahmanen brachte – Kühe, die zu schwach waren, um zu trinken, Gras zu fressen, Milch zu geben oder zu kalben –, da dachte er sich, dass es nur eine freudlose Welt sein könne, in die einer kommt, der solche Gaben darbringt.

Vajashrava dachte gar nicht daran, sein ganzes Hab und Gut zu verschenken, wie es der anspruchsvolle *Vishvajit*-Ritus vorsah. Nur alte und kranke Tiere war er bereit zu geben. Alles Wertvolle indes behielt er für sich. Er wollte kein wirkliches Opfer bringen. Welcher Verdienst könnte schon darin liegen, etwas herzugeben, das uns nichts bedeutet? Für ein Leben in Reichtum im Himmel *und* auf Erden war Vajashrava sogar bereit, die Götter zu übervorteilen.

Nachiketa war noch ein Junge, erst elf oder zwölf Jahre alt. Dennoch kannte er die Schriften schon und wusste, dass dies ein Akt spiritueller Verblendung war, der seinem Vater keinen Platz im Himmel sichern, sondern ihn bestenfalls in eine der vielen düsteren Nachtodwelten führen würde, in welchen Elend, Angst und Leiden herrschen.

Nachiketa war aber nicht nur bewandert in den spirituellen Texten, vielmehr hatte er *Shraddha*, ein tiefes Vertrauen in die Offenbarungen der Weisen, dass der Kosmos und alles Leben von der *einen* Wirklichkeit durchflutet und getragen wird, die in den Veden Brahman genannt wird. Shraddha wird manchmal als »Glaube« übersetzt, doch es ist viel mehr als das. Glaube und Überzeugungen, wie tief sie auch in unseren Geist eingegraben sein mögen, sind letztlich nur Gedanken und mentale Konzepte. Shraddha dagegen meint kein Denken, sondern ein Sein, eine existenzielle, nicht intellektuelle Qualität.

Shraddha bedeutet noch mehr. Es steht für die zentralen Eigenschaften spirituell gereifter Menschen, für Demut und Bescheidenheit, für Aufrichtigkeit und die Ernsthaftigkeit des Strebens, für eine klare Ausrichtung, vor allem für die feste Entschlossenheit, die Wahrheit des Lebens zu ergründen, koste es, was es wolle. Nachiketa hat Shraddha. Und, wie wir noch sehen werden, ist er bereit, jeden Preis zu zahlen, um die Wahrheit herauszufinden.

4 Nachiketa fragte seinen Vater: »Auch ich gehöre dir. Wem wohl wirst du *mich* geben?« Er fragte noch ein zweites und ein drittes Mal. Vajashrava wurde wütend und antwortete: »Dem Tod werde ich dich geben!«

Nachiketas Frage ist Protest und Provokation zugleich. Der Junge weiß, dass das Opfer seines Vaters kein wirkliches Opfer ist, dass es der Wahrheit der Schriften widerspricht und die Götter verhöhnt. Er fordert ihn mit seiner Frage heraus, und Vajashrava will sie nicht beantworten. Doch Nachiketa bleibt hartnäckig. Immer wieder fragt er: »Wem wohl wirst du *mich* geben?« Schließlich lässt sein Vater sich vom Zorn forttragen und herrscht Nachiketa an: »Dem Tod werde ich dich geben!«

5 Nachiketa dachte sich: »Von den vielen Kindern und Schülern meines Vaters bin ich doch wohl der beste, mindestens aber in der Mitte. Ganz sicher jedenfalls gehöre ich nicht zu den Schlechtesten. Was bezweckt mein Vater, wenn er mich zum König des Todes schickt?«

Nachiketa folgt seinem Vater bedingungslos. Und so macht er sich auf den Weg zu Yama, dem König des Todes, der in Yamapura wohnt, der Stadt, die seinen Namen trägt.

Der Name Yama leitet sich von dem Sanskrit-Wort *yam* her, das »drosseln«, »eindämmen«, »kontrollieren« oder auch »jemanden an die Kandare nehmen« bedeutet. Im Yoga steht *Yama* auch für »Selbstkontrolle«, »sich selbst im Griff haben«, also dafür, dass man das eigene Verhalten kontrollieren und vernünftige Regeln im Umgang mit sich selbst und seinem persönlichen Umfeld einhalten, mit anderen Worten, einem Ethik-Kodex folgen kann. Yama, der Gott des Todes, vermittelt uns dieses Bild. Er hat alle Wesen des Kosmos fest im Griff. Er hält sie in Atem, in Angst vor dem Tod und in unermüdlicher Anstrengung, sich selbst zu behaupten. Schließlich nimmt er ihnen ausnahmslos das Leben, und hält so die Existenz insgesamt im Zaum. Yama hegt das Leben ein.

Der König des Todes gilt als dunkel, strikt und sehr streng im Umgang mit bösen Menschen. Man nennt ihn deshalb auch *Dharam-Raj,* den König der Gerechtigkeit.[9] Er ist sozusagen der Verwalter des Karmas, jenes unbestechlichen Gesetzes von Ursache und Wirkung, das im Hinblick auf unser Handeln besagt, dass alles Denken, Sagen oder Tun Folgen haben wird.

Auch *Kala,* Zeit, ist ein Name für den Tod. Ihr gnadenloser Zahn nagt beständig und unaufhaltsam an unserer Existenz. Die Falten, die sich mit den Jahren in unser Gesicht graben, Unfälle und Krankheiten, seien sie leicht oder schwer, das Nachlassen unserer Kräfte und mentalen Fähigkeiten, all das sind Hinweise, ein Wink Yamas mit dem Zaunpfahl …

Nachiketa kann nicht wissen, ob er jemals wiederkehren wird. Also denkt er beim Abschied über die Vergänglichkeit des Seins nach, darüber, dass alles, was in die Existenz geht, gedeiht, reift und schließlich verwelkt, um in neuer Form ins Leben zurückzukehren. Dieses Thema zieht sich nicht nur wie ein roter Faden durch die Katha, sondern durch alle spirituellen Schriften der Menschheit. Alles ist ewig im Umbruch. Nichts bleibt, wie es ist. Darin besteht die große Herausforderung, und das macht oft auch den Schmerz des menschlichen Lebens aus. *Parinama-Duhkha* heißt dieser Schmerz in der Sprache der Veden: Schmerz, der durch den Wandel der Dinge hervorgerufen wird. Je mehr wir an dem festhalten, was ist, desto größer ist der Schmerz des unabwendbaren Wandels in unser aller Leben. Dies dichtete der chinesische Weise Zhuangzi vor 2500 Jahren:

»Das Leben aller Dinge
eilt dahin wie ein galoppierendes Pferd –
Jede Bewegung bringt Verwandlung mit sich,
sie ändert sich von Augenblick zu Augenblick.

Was sollst du tun?
Was sollst du lassen?
Lass einfach alle Dinge sich von selbst entwickeln.«[10]

Nachiketa denkt sich auf dem Weg zu Yama, dem Herrscher über Leben und Tod:

6 »Erinnere dich, wie es jenen erging, die vor uns kamen, und wie es jenen ergehen wird, die noch unter uns sind. Wie Getreide reifen die Sterblichen und fallen wieder auf die Erde. Und wie Getreide wachsen sie von neuem.«

Als Nachiketa am Haus des Todes ankommt, ist Yama nicht zu Hause. Der Brahmanenjunge muss drei Tage und Nächte ausharren und bekommt in dieser Zeit nichts zu essen und zu trinken und auch keinen Platz zum Ruhen. Als Yama dann endlich zurückkehrt, laufen seine Diener ihm aufgeregt entgegen und sagen:

7–8 »Dem Feuer gleich kam ein Brahmane als Gast in dein Haus. Stimme ihn friedlich, Vaivashvata. Gib ihm Wasser und einen Platz zum Ruhen, denn großes Unglück kommt über jene, die einem Brahmanen keine Gastfreundschaft erweisen.«

Brahmanen gelten in Indien als Menschen, die besondere Wertschätzung verdienen, umso mehr, wenn sie Gast sind. Man geht achtsam mit ihnen um, sonst verbrennt man sich. Das weiß auch Yama, den seine Diener hier als *Vaivashvata* ansprechen, den »Sohn der Sonne«. Selbst der Herrscher über das Totenreich respektiert das Gastrecht. Hier nun beginnt der Dialog zwischen Nachiketa und Yama, dem Jungen und dem Tod. Yama sagt freundlich:

YAMA

9 Sei gegrüßt, Brahmin! Du bist ein Gast, dem Ehre gebührt, und musstest doch drei Nächte ohne Essen in meinem Haus zubringen. Ich will dir deshalb zum Ausgleich drei Wünsche erfüllen, einen für jede Nacht.

Es ist sicher nicht die Angst vor Unglück, die Yama veranlasst, Nachiketa dieses verlockende Angebot zu machen. Yama herrscht über Leben und Tod, was könnte er schon fürchten? Vielleicht eine in unvorstellbar weiter Ferne liegende Wiedergeburt als Mensch auf der Erde oder als anderes Wesen an einem anderen Ort des Universums? Yama will jedenfalls ein guter Gastgeber sein und Nachiketa alle Ehre erweisen. So verspricht er, ihm drei Wünsche zu erfüllen, einen für jede Nacht, die Nachiketa hungern musste.

Was Nachiketa wohl für Augen machte, als er Yama das erste Mal zu Gesicht bekam? Wir wissen es nicht, dürfen aber annehmen, dass er gelassen blieb, obgleich Yama durchaus furchterregend aussieht. Er wird als große und dunkle Wesenheit beschrieben, die auf einem Büffel reitet, dessen Gestalt Yama manchmal auch selbst annimmt, vor allem dann, wenn er sich seinen Opfern nähert. Begleitet wird er von zwei Hunden mit jeweils vier Augen. Yama hat vier Arme und trägt eine ganze Reihe von Waffen: eine Keule oder einen Morgenstern als Symbol der Bestrafung, dazu eine schwarze Schlinge, die *Kalasutra,* die »Schlinge der Zeit« genannt wird. Damit fängt er seine Todeskandidaten ein. Er trägt außerdem einen Stock, ein Schwert und einen Dolch.

Wenn ein Mensch stirbt, so heißt es, wird seine Seele von den *Yamadutas,* Botschaftern des Todes, zu Yama gebracht. Die guten und schlechten Taten dieses Menschen werden Yama von einem Wesen namens Chitragupta vorgelesen, einem Archivar der Unterwelt, der alles aufschreibt, was geschieht. Schließlich spricht Yama sein Urteil, und die Seele wird von den Yamadutas an einen von Yama bestimmten Ort geführt. Gute Seelen werden nach *Svargaloka,* also in den Himmel gebracht, die Bösen hingegen an weniger schöne Orte, wo sie in einer von Yama festgelegten Zeitspanne Bestrafungen erfahren, bis sie schließlich wiedergeboren werden. Yama ist der Fürst des Todes, der Gott der Zeit und der König des Karmas.

Der unerschrockene Nachiketa formuliert nun seinen ersten Wunsch:

NACHIKETA
10 Yama, zuerst wünsche ich mir, dass mein Vater wieder fröhlich ist und sich keine Sorgen mehr macht. Möge er sich auch nicht mehr über mich ärgern und mich wiedererkennen und willkommen heißen, wenn ich zurück nach Hause komme.

Nachiketas erste Sorge gilt nicht sich selbst, sondern seinem Vater. Vajahsrava wollte seinen Sohn natürlich nicht wirklich ins Totenreich schicken. Der Tod eines Kindes gehört zum Schlimmsten, was ein Mensch erleben kann. Er war nur überwältigt vom Zorn. Was wir unter dem Einfluss starker Emotionen tun, zumal wenn sie destruktiver Natur sind, ist nicht sehr hilfreich. Oft bedauern wir hinterher, was wir gesagt oder getan haben. In dieser Erkenntnis wurzelt eine zentrale spirituelle Idee, nämlich *Vairagya,* das »Nichtanhaften« oder Loslassen, ein anderes Wort für wirkliche Ge-*lassen*-heit. Patanjali, der Verfasser des Yogasutra, der wichtigsten Schrift des Yoga, sagt explizit, dass die zentrale Praxis auf dem spirituellen Weg darin bestehe, sich ständig darum zu bemühen, gelassen in der Welt zu leben.[11]

Der junge Nachiketa ist aufgeweckt genug, um nun einen wichtigen, eigentlich zweiten Wunsch direkt mit dem ersten zu verbinden:

dass er nämlich schon sehr bald Yamas Haus wieder verlassen darf und heimkommt, so bald schon, dass sein Vater ihn wiedererkennt, sich ihm also nicht entfremdet fühlt, und vor allem, dass das Band der Liebe zwischen beiden nicht zerreißen möge. Yama antwortet:

YAMA

11 Es ist mein Wille, dass dein Vater dich wiedererkennt. Und er wird dir so zugetan sein wie zuvor. Wenn er sieht, dass du aus den Klauen des Todes befreit bist, wird er auch keinen Ärger mehr verspüren und nachts friedlich schlafen.

Yama gewährt. Und Nachiketa formuliert seinen zweiten Wunsch:

NACHIKETA

12 In Svargaloka, dem Reich des Himmels, existiert keine Angst, denn du, Yama, bist dort nicht. Niemand an diesem Ort fürchtet sich vor dem Altsein. Frei von Hunger und Durst und jenseits aller Sorgen ist man dort glücklich.

13 Du kennst Agni, jenes Feueropfer, das zu Svarga führt. Bitte zeig es mir, denn ich habe tiefes Vertrauen. Die Himmelsbewohner sind unsterblich. Dies ist mein zweiter Wunsch.

Wie alle *Devas* oder Himmelswesen war Yama einst selbst ein Mensch. Er entdeckte *Agni*, jenes geheimnisvolle Feuerritual, das Nachiketa hier anspricht.

Die alten Mythen Indiens erzählen, dass *Svarga* – auch *Svargaloka*, *Brahmaloka* oder *Devaloka* genannt – zwischen Sonne und Polarstern gelegen sei. Dies Reich wird regiert von Indra, dem höchsten unter den Devas. Nur Menschen, die sich größte Verdienste auf

Erden erworben haben, dürfen dort leben. Nachiketa will um das geheimnisvolle Ritual wissen, das Menschen dorthin bringen kann, um die »Unsterblichkeit« zu erlangen. Es ist dies keine Unsterblichkeit in einem absoluten Sinne, sondern »nur« ein sehr langes Leben, maximal so lang wie ein *Kalpa.* Das ist die für unsere Maßstäbe extrem lange Zeitspanne, in der das Weltall existiert, oder ein Tag im Leben Brahmans, des höchsten Seinsprinzips. Dann löst das All sich wieder auf, um erneut zu erstehen.

Die Entstehung, Entfaltung, Auflösung und Neuentstehung des Kosmos ist natürlich mehr als nur eine kuriose indische Schöpfungsmythologie. Die modernen Physiker denken in genau die gleiche Richtung: Urknall, Evolution und Zusammenfall oder Big Bang, Ausdehnung und Big Crunch. Sie gelten heute als zentrale wissenschaftliche Annahmen über unser Universum.

Sogar Indra, der Herrscher in Svargaloka, wird also eines fernen Tages sterben müssen ebenso wie Yama, der König des Todes. Das gilt natürlich erst recht für die Menschen, denen Einlass in dieses Reich gewährt wurde. Die Unsterblichkeit, von der Nachiketa hier spricht, ist also nur relativ, nicht absolut. Sie meint eine für uns zwar unvorstellbar lange Zeit, aber nicht die Ewigkeit. Auch der Himmel stirbt. Jesus sagt im Thomas-Evangelium: »Dieser Himmel wird vergehen, und der über ihm wird vergehen.«[12] Und der persische Mystiker Hafiz (1320–1389) schrieb:

»Die Erde ist ein Gastgeber, der seine Gäste umbringt.
Doch was ist es, das sterben kann?
Jeder Tod nimmt nur mehr von der Schale,
die das Sehen der Seele verhüllt.
Jeder Tod macht nur den Schleier dünner,
der über der wunderbaren Welt im Innern liegt.«[13]

YAMA

14 Lieber Nachiketa, ja, das Feuerritual, das in den Himmel führt, kenne ich sehr gut. Ich will es dir genau erklären. Hör bitte aufmerksam zu und sei dir bewusst, dass dies Feuer ein Mittel ist, die Unsterblichkeit zu erlangen. Es trägt den ganzen Kosmos und liegt verborgen im Herzen der Weisen.

15 Dann erzählte Yama Nachiketa vom Feuer, das der Ursprung der Welten ist, welche Steine und wie viele er für den Altar sammeln, wie er sie aufstellen und wie er das Feuer anzünden musste. Nachiketa wiederholte alles, was er hörte, Wort für Wort. Yama war sehr zufrieden mit ihm.

Agni, das Feuer, ist Name und Bild für das, was wir auch den Schöpfergott nennen könnten, jene Quelle und Kraft, welcher der Kosmos entspringt. Sie ist in Indien unter vielen Namen bekannt, so zum Beispiel als *Virat,* das »kosmische Wesen«, oder als *Hiranyagarbha,* das »kosmische Ei«. Patanjali nennt diese Quelle *Ishvarah,* ein Wort, das an die Idee des Herrschens oder Waltens erinnert. Ein schönes Bild ist auch *Sutratma,* die Seele, die alle Dinge des Kosmos wie an einem Faden zusammenhält. Viele weitere Bezeichnungen gibt es dafür, genannt seien hier noch *Brahma,* oft übersetzt mit »Weltseele«, und *Prana,* die Lebenskraft.

Alle diese Begriffe stehen für den Anfang des Weltalls, den kreativen Impuls, der das Universum erschafft. Anders als zum Beispiel im Christentum ist dies aber noch nicht die höchste oder gar einzige Ausdrucksform des Seins. Diese ist Brahman. Während Agni Gestalt oder Eigenschaften hat, nämlich als die Anfangsenergie, aus der das Weltall ausfließt und die das ganze All durchflutet, ist Brahman ganz ohne Eigenschaften. Kein Attribut gibt es, das dieses Größte oder Höchste je beschreiben könnte, weil jeder Beschreibungsversuch nur wieder neue Begrenzungen schafft. Wo wir sagen, was etwas ist, da sagen wir zugleich, was es *nicht* ist, erzeugen also Abgrenzungen, Eingrenzungen. Das Wort »Definition« bedeutet genau das: abgrenzen. Doch Brahman lässt sich nicht definieren, abgrenzen oder einzäunen.

Diese Eigenschaftslosigkeit Brahmans nennt man in der Sanskrit-Sprache *Nirguna.* Das bedeutet wörtlich »ohne Attribute« und steht im Gegensatz zu *Saguna,* »mit Attributen«. Wer das Höchste als Form verehrt, zum Beispiel als Gottheit, die Namen und Gesicht hat, tritt mit der Saguna-Dimension in Verbindung. Ganesha zum Beispiel, der Elefant mit dem abgebrochenen Stoßzahn, dem sich viele Menschen in Indien im Gebet zuwenden in der Hoffnung, die Herausforderungen des Lebens zu meistern, ist Saguna: Er hat Gesicht, Gestalt und ganz bestimmte Eigenschaften, die ihm zugeschrieben werden. Als solcher ist er ein begrenzter Ausdruck der unbegrenzten Nirguna-Dimension, *eine* Facette des Unendlichen.

Daran sieht man auch, dass es auf fundamentaler Ebene eine Vielgötterei in Indien gar nicht gibt, sie existiert nur an der Oberfläche. Jedes einzelne Wesen des indischen Pantheons steht als *ein* spezieller Aspekt des EINEN HÖCHSTEN. Sich Brahman auf der rein abstrakten Nirguna-Ebene anzunähern ist den Menschen kaum möglich, denn wer vermag schon, sich Unvorstellbares vorzustellen? Wer will es anbeten? Und wer vermöchte es gar zu lieben? Wir sind begrenzte Wesen in Raum und Zeit und brauchen ebenso begrenzte Formen, die wir denken, verstehen und auch verehren können. Und dennoch: Auch wir sind ein Teil jener Schöpfungsenergie, die Ausdruck des Ganzen ist. So sind wir eins mit dem EINEN. Ich, Atman, die Seele, bin wesensgleich mit Brahman, dem Ganzen. Und als äußerste Möglichkeit der Selbsterforschung, sagt der Arzt und Bewusstseinsforscher Stanislav Grof, »können wir dem schöpferischen Prinzip selbst begegnen und unsere Wesensidentität mit ihm erkennen.«[14]

Die Idee eines Schöpfergottes jedenfalls ist nur eine von drei prinzipiellen Ausdrucksformen Brahmans, über die wir schon gesprochen haben: Schöpfung, Evolution und Auflösung. Diese drei Aspekte werden auch *Brahma, Vishnu* und *Shiva* genannt. Besonders Vishnu, die Idee der Entwicklung und Erhaltung des Seins, erfährt in Indien größte Verehrung. Die schon angesprochene Praxis, die tausend Namen Gottes zu rezitieren, gilt vor allem diesem Aspekt des Höchsten. Und die zweifellos beliebtesten spirituellen Figuren Indiens, Rama und Krishna, gelten als Inkarnationen Vishnus.

16 Mahatma sagte zu Nachiketa: Ich werde dir noch eine weitere Gunst erweisen: Dieses Feuer soll deinen Namen tragen. Und nimm auch diese bunte Kette von mir als Geschenk an.

Yama wird hier *Mahatma* genannt, »Große Seele«, ein Name, den man normalerweise nur Wesen gibt, die auf höheren Seinsebenen existieren. Manchmal werden aber auch Menschen auf der Erde als Mahatma angesprochen, zum Beispiel Gandhi (1869–1948), der Indien von der britischen Kolonialherrschaft befreite. Das zeigt, dass das Leben auf einer höheren Seinsebene nicht in erster Linie ein Leben an einem anderen *Ort* meint, sondern in einem anderen *Zustand*, einem Zustand des Bewusstseins nämlich.

Die bunte Perlenkette ist wohl eine Metapher. Der Weise Shankara (ca. 788 bis 820 n. Chr.), jener schon mit 32 Jahren verstorbene Genius, der als größter Geist des *Advaita-Vedanta* gilt – neben dem Yoga eine der wichtigsten spirituell-philosophischen Strömungen

Indiens –, versteht sie als Hinweis auf einen Lebensweg, der sich spirituell verdienstvollen Handlungen verschreibt mit dem Ziel, in günstige Umstände zu gelangen, also positiven Einfluss auf das eigene Karma zu nehmen. Möglicherweise ist es auch eine Andeutung auf weitere Zeremonien, die Yama Nachiketa lehrte.[15]

Im Folgenden beschreibt Yama, welche guten Früchte man ernten kann, wenn man die (nun nach Nachiketa benannte) Zeremonie durchführt:

YAMA

17 Wer das Nachiketa-Ritual drei Mal durchgeführt hat, nachdem er sich mit »den dreien« verbunden hat, und wer sich an die drei Pflichten hält, geht über Leben und Tod hinaus. Er wird Agni, das aus Brahman geborene Feuer, erkennen, allwissend, strahlend und verehrungswürdig, und vollkommenen Frieden erfahren.

18 Noch bevor er stirbt, wird er die Ketten des Todes ablegen und über alles Leid hinausgehen. Er wird Glückseligkeit in Svargaloka erleben und sich als eins mit Virat, dem Schöpfergott, erfahren.

Die Katha spielt hier mehrfach mit der Zahl Drei: Dreimal soll das nach Nachiketa benannte Ritual durchgeführt werden. Sich mit »den dreien« zu verbinden, das bedeutet, dreimal – nämlich von Mutter, Vater und einem spirituellen Lehrer – in das Ritual eingewiesen worden zu sein. Schließlich wird auf drei wichtige Pflichten oder Aufgaben hingewiesen. Dahinter verbergen sich die regelmäßige Durchführung ritueller Handlungen, das barmherzige Geben und das Studium der Veden, also die intensive Auseinandersetzung mit der Botschaft der Schriften, die auf den Offenbarungen der alten *Rishis* oder Weisen beruhen.

Das Ablegen der Ketten meint das Loslassen nicht hilfreicher Wesenszüge und Tendenzen, wie die Anhaftung an das Materielle, das spirituelle Unwissen, Zorn, Hass und alle anderen mentalen Barrieren, die uns immer wieder daran hindern, wirkliches Glück zu erfahren.

Agni oder Virat zu erkennen, jene Kraft, aus deren Schoß das Universum geboren wird, mag ein hoher Bewusstseinszustand sein, doch es ist noch immer nicht die Erkenntnis des Absoluten. Der Sucher mag zwar das Himmelreich betreten und lange darin leben, doch die vollständige Befreiung aus dem karmischen Kreislauf ist damit noch nicht erreicht. Er wird wiedergeboren werden, um erneut die Erfahrungen von Freud und Leid als ein in der Welt inkarniertes Wesen zu machen.

Sich als eins mit dem Schöpfergott zu erfahren mag zwar noch keine endgültig befreiende Selbsterkenntnis sein, doch zweifellos ist es ein transformierender Markstein auf dem Weg dorthin. Dahinter steckt die Idee von *Krama-Mukti,* einer Erkenntnis, die sich *allmählich* herausbildet, also nicht plötzlich und total geschieht.[16] Spirituelle Erkenntnis ist die Frucht eines Weges, den wir gehen, eine Entwicklung, die wir machen.

Auf dem Wege ritueller Akte und äußerer Handlungen Selbsterkenntnis zu erlangen hält der Weise Shankara für unmöglich. Handeln und Erkenntnis finden auf zwei grundsätzlich unterschiedlichen Ebenen statt – Ersteres in der Welt der Dualität, also auf dem Feld von Gut und Böse, Groß und Klein, Hell und Dunkel, mithin in der Polarität des Seins, in der wir leben. Spirituelle Selbsterkenntnis dagegen ist »nicht-zwei«, nicht polar, sondern einschließend, unbegrenzt, eins.

Die vollkommene Erleuchtung ist, wenn man so will, nicht von dieser Welt, sondern transzendiert sie. Ein solcher Zustand ist nur auf dem Weg der Meditation und Selbsterforschung erreichbar, nicht über äußeres Tun.[17] Anders gesagt: Wir können (und ich meine, wir *sollten*) uns darum bemühen, gute Menschen zu werden und die Welt jeden Tag ein wenig besser zu machen, wo wir die Macht und Gelegenheit dazu haben. Das kann uns und andere glücklicher machen und vielleicht sogar ein Stück Himmel auf Erden Wirklichkeit werden lassen. Wie unendlich kostbar muss uns doch ein Paradies auf Erden erscheinen angesichts einer Welt, die voller Gewalt und Zerstörung ist. Doch die radikale Botschaft der Katha lautet, dass absolute Selbsterkenntnis auch durch die besten Handlungen nicht möglich ist. In einer guten Welt zu leben bedeutet noch nicht den Eintritt in die Unsterblichkeit der ABSOLUTEN WAHRHEIT.

YAMA

19 Dies also ist das Feuer, Nachiketa, das in den Himmel führt. Es war dein zweiter Wunsch. Die Menschen werden es nach dir benennen. Nun nenne mir deinen dritten Wunsch.

Bis hierher war das Thema der Katha die relative Unsterblichkeit, versinnbildlicht in einem Sein in Svarga- oder Brahmaloka, mögen wir darunter nun eine Welt begreifen, die wir nach dem physischen Tod betreten, oder einen Zustand des Bewusstseins noch in dieser Welt.

Mit Nachiketas drittem Wunsch vollzieht sich nun die entscheidende Wendung der Katha: Es geht ab hier um die spirituelle Befreiung, um das endgültige Ausbrechen aus Samasara, dem Rad der Wiedergeburt, um vollständige Selbsterkenntnis oder die *wahre* Unsterblichkeit, die Nachiketa, der etwa zwölfjährige Junge, dem Tod abtrotzt.

NACHIKETA

20 Es gibt da diese ungeklärte Frage: Wenn man stirbt, so sagen die einen, existieren wir weiter. Andere dagegen behaupten, dem sei nicht so. Was nun ist richtig? – Das will ich wissen. Dies ist mein dritter Wunsch.

Nachiketa, dieser kleine Junge, bittet nicht um ein schönes Dasein in Svargaloka, denn der vergängliche Himmel ist ihm nicht genug. Es geht ihm vielmehr um das Absolute, um ein ewiges Sein in Frieden, Freiheit und Glückseligkeit. Er muss eine uralte Seele sein, bereits unzählige Male auf der Welt gelebt haben und immer wieder in die Erfahrung von Geburt und Tod und Freud und Leid gegangen sein.

Eines Tages aber, nach zahllosen Abenteuern in Raum und Zeit, wollen wir wie Nachiketa wieder heimkehren und endgültig verschmelzen mit der zeitlosen Quelle, aus der wir gekommen sind. In einer wunderbaren Rede verglich Buddha diesen Ort, der kein Ort ist, mit einer Insel. Er gab ihr den Namen *Nirvana,* das Verlöschen – auch das einer der tausend Namen Gottes:

»Jenen, die kämpfen inmitten des Stroms,
in großer Angst vor der Flut des Altwerdens und Sterbens:
All jenen sage ich: Da gibt es eine Insel, frei von Grenzen,
ohne einen Ort, sich festzuhalten,
eine Insel, über die hinaus man nicht mehr gelangen kann.
Ich nenne sie Nirvana:
Das vollständige Verlöschen
des Altwerdens und Sterbens.«[18]

YAMA

21 Lieber Nachiketa, was diese Frage anlangt, da hatten sogar die Devas einst ihre Zweifel. Die Natur Atmans ist ein subtiles Thema und nur schwierig zu verstehen. Nenne mir einen anderen Wunsch, Nachiketa. Bitte verlange nicht von mir, dir diese Frage zu beantworten.

Gibt es so etwas wie ein Selbst oder Atman, eine Essenz des Seins, die unser Leben durchflutet und unser Sterben überdauert? Das will Nachiketa wissen. Yama zögert zunächst, sich dieser Frage zuzuwenden, und bittet Nachiketa, ihn von diesem Wunsch zu befreien. Die Frage sei schwierig zu verstehen, sagt er. Er meint das nicht in einem intellektuellen Sinne, sondern will sagen, dass Atman – das ewig in uns lebendige Licht reinen Gewahrseins – nicht wie ein Objekt erfahren werden kann. Wir vermögen es nicht anzuschauen oder zu berühren. Mit den äußeren Sinnen kann das innere Licht nicht erfahren werden.

NACHIKETA

22 Sogar die Devas also hatten ihre Zweifel im Blick auf diese Frage. Und du sagst auch, dass dies Thema nicht leicht zu verstehen sei. Doch einen anderen Lehrer wie dich kann man nicht finden. Sicher gibt es nichts, das ich mir noch mehr wünschen könnte.

Yama stellt Nachiketa auf die Probe. Ist er reif für die Wahrheit und entschlossen genug? Doch Nachiketa lässt sich nicht entmutigen von Yamas Botschaft, dass unser innerstes Wesen nicht leicht zu begreifen sei. Welcher Lehrer könnte mehr über das Leben, den Tod und das Wesen unseres Seins aussagen als der Tod selbst? Nachiketa ist fest entschlossen. Doch Yama versucht weiter, ihn von seinem dritten Wunsch abzubringen und stellt ihm große weltliche Versuchungen in Aussicht:

YAMA
23 Wähle dir Söhne und Enkel – sie mögen hundert Jahre alt werden! Bitte um Elefanten, Pferde, Viehherden und Gold. Wünsche dir ein großes Imperium auf Erden und lebe dort, so lange du willst.

24 Wenn dir etwas anderes einfällt, das ebenso gut ist, dann wünsche dir das. Wähle Reichtum und ein langes Leben, Nachiketa, und werde König eines großen Reiches! Erbitte, was immer auch Devas oder Menschen begehren. Ich werde dafür sorgen, dass du alles das erfahren kannst.

25 Viele begehrenswerte Dinge gibt es in der Welt, manche davon sind nahezu unerreichbar. Wünsche dir, was du willst: Zum Beispiel die *Ramah,* jene wunderschönen Mädchen, die auf Triumphwagen sitzen und Musikinstrumente spielen – Himmelswesen, die jenseits der Reichweite normaler Menschen liegen. Wenn du willst, werde ich dir solche Mädchen geben, und sie werden auf dich warten. Aber bitte, Nachiketa, frage mich nicht nach dem Tod!

Yama bietet Nachiketa das ganze Tableau an, auf das *Kama* gerichtet ist, das Begehren der Menschen, alles das, was Menschen sich wünschen in der Welt: Gesundheit, ein langes Leben, Reichtum, Macht und auch süße Unterhaltung – Dinge, die wir wohl alle aufzählen würden, wenn es darum ginge zu sagen, was ein glückliches Leben in der Welt ausmacht – Versuchungen, die größer kaum sein könnten.

Der Tod weiß genau, was Menschen sich wünschen, heute ebenso wie vor 3000 Jahren. Hätte einer von uns die Kraft zu widerstehen? Natürlich weiß Yama auch um den Schmerz, den wir erleiden, wenn uns all das einst genommen werden wird – und das wird es … *Duhkha,* der Schmerz, ist nur die andere Seite von *Sukha,* den angenehmen Erfahrungen des Lebens. Das eine kann ohne das andere nicht sein. Deshalb sagt Patanjali im Yogasutra auch, dass letztlich jede Erfahrung zu Duhkha führt, auch die angenehmen, und sei es einfach nur deshalb, weil auch das Angenehmste einmal ein Ende findet.[19] Wie glücklich oder leidhaft unser Leben in der Welt auch sein mag, es geht vorüber. Dies ist, oberflächlich betrachtet, eine Binsenweisheit, um die wir aber nur im Kopf wissen, nicht wirklich, also nicht mit unserem ganzen Sein. Wir lernen nicht, den physischen Tod in unser Leben zu integrieren. Es ist zwar eine Tatsache, dass der Tod in unserer modernen Welt jeden Tag aufs Neue in den Unterhaltungsmedien zelebriert wird. Auch in den Nachrichten ist täglich die Rede davon, wie viele Menschen beim letzten Unglück, Anschlag oder Konflikt wieder umgekommen sind. Doch Todeszahlen geben uns keinen Geschmack der Wirklichkeit. Wahr ist nämlich, dass in unserer modernen Gesellschaft kaum einer jemals einen anderen *mit eigenen Augen* sterben sieht. Gestorben wird heute nicht mehr zu Hause im Kreise der Familie, sondern meistens in Krankenhäusern und Pflegeheimen. So sind der Tod und die Vergänglichkeit, die er uns mit großer Macht zeigt, bestenfalls so präsent wie ein unwirkliches Spiel.

Es mag seltsam klingen, doch zu erleben, wie ein Mensch seine letzten Atemzüge tut und dann sein Leben im wahrsten Sinne des Wortes aushaucht, um mit dem letzten Ausatmen sein körperliches Gefäß endgültig zu verlassen, kann ein großes Geschenk sein, eine sehr bereichernde Erfahrung. Sie lässt uns existenziell erleben und erkennen, dass wir tatsächlich sterblich sind und dass uns jede Stunde, die wir verleben, dem physischen Tod ein Stück näher bringt.

Zu Nachiketas Zeit war der Tod sicher noch viel näher an den Menschen, als dies heutzutage der Fall ist, erst recht in Indien. Die vergänglichen Dinge jedenfalls sind seine Sache nicht, er hat sich entschlossen der letzten großen Frage zugewandt und lässt sich von Yama nicht verführen.

NACHIKETA

26 Yama, all diese Freuden sind nur vorübergehend. Und sie verbrauchen zudem die Vitalität der Sinne. Alles Leben ist ausnahmslos kurz. Behalte deine Pferde, Tänze und Lieder für dich!

Nachiketa bleibt unbestechlich. Alles Leben, weiß er, währt nur kurz. Ob die Wesen nun einen Tag, ein paar Wochen, einhundert, oder, wie manche Bäume, sogar mehrere tausend Jahre lang leben – gemessen an der Ewigkeit ist all das nicht einmal ein Lidschlag. Selbst das in unseren Augen so lange Leben der nichtphysischen Wesen in Svargaloka ist aus einer absoluten Perspektive betrachtet nur kurz. Auch für Yama gilt das. Er mag einen ganzen kosmischen Zyklus lang sein Werk als Herr über Leben, Tod und Karma verrichten, doch ist das nichts im Vergleich zum unendlichen Fortgang der ewig neu entstehenden und wieder untergehenden Kalpas oder kosmischen Zyklen.

Nachiketa sucht nichts Vorübergehendes, sondern *Amritatvam*, die Essenz der Unsterblichkeit. Jeder von uns sucht im Grunde nach Unsterblichkeit, sei es nun bewusst oder unbewusst. Den Tod scheuen sogar die Weisen, sagt Patanjali.[20] Der Gedanke an eine finale Auslöschung in eine Nichtexistenz scheint undenkbar. Selbst der intensivste Gedanke an ein Nichts ist im Grunde nicht denkbar. Unser Denkorgan kann das Nichts so wenig denken wie die Ewigkeit oder ein abstraktes Absolutes, weshalb Menschen sich so gerne Götterbilder machen und damit dem Absoluten eine konkrete Form geben, der sie sich zuwenden können.

Was Yamas Versuchungen angeht: »Für einen wie Nachiketa, der die Wirklichkeit des Seins, die jenseits des Todes und aller Möglichkeiten des Wandels liegt, erkennen will, ist es nur natürlich, alles endliche Leben als bloß vorübergehend abzulehnen, wie großartig die Dinge auch erscheinen mögen.«[21]

Das Ablehnen des Vergänglichen können wir als *Vairagya*, Loslassen verstehen und müssen dabei nicht so sehr an ein die Lebensfreude verneinendes »Entsagen« denken. Jedoch die starke Anhaftung an äußerlich-sinnlicher Befriedigung jeder Art kostet nicht nur Lebensenergie, sondern muss auch immer wieder zu Enttäuschungen führen, seien es nun mögliche unangenehme Nebenwirkungen unserer Sinnesbefriedigung oder auch nur ihr Ende, das nach wieder neuer Befriedigung ruft – ein Kreislauf, der keinen Abschluss findet. Nichts können wir wirklich festhalten. Alles wird uns einmal entrissen werden.

Nachiketa spricht ausdrücklich davon, dass Verlockungen, Versuchungen und Leidenschaften unsere Vitalität oder Lebenskraft – *Teja* – erschöpfen. Hier zeigt sich fein angedeutet, dass die Katha eine Yoga-Upanishad ist. Wir werden darauf später noch zurückkommen, deshalb hier nur so viel: Im Yoga spielt die Lebensenergie und die gesunde Balance all ihrer Aspekte und Ausdrucksweisen eine besonders wichtige Rolle. Das mag im Kontext der Vergänglichkeit zunächst wie ein Widerspruch erscheinen. »Was soll's«, mag man sich fragen, »wenn ohnehin alles vergeht, warum soll ich mir dann überhaupt Gedanken um meine

Lebensenergie machen?« Die Tatsache der Sterblichkeit macht die Zeitspanne des Lebens aus der Sicht der Yoga-Philosophie jedoch nicht sinnlos. Auch Nachiketa würde lieber länger leben wollen als kürzer, seine Vitalität bewahren, statt sie unachtsam zu verschleudern. Ein längeres Leben gibt uns mehr Zeit, uns selbst zu erforschen und das Sein zu erkennen – unser Herkommen und Ziel – hier und jetzt, in diesem Leben noch. Jeder Tag gibt uns aufs Neue die Chance dazu.

Ein Weiteres noch: Die Unwiederbringlichkeit des Vergangenen macht jeden Moment unendlich kostbar. Die Vergänglichkeit erinnert uns jede Sekunde an die Gegenwart. *Gegenwärtig* zu sein ist eines der wichtigsten Ziele auf dem spirituellen Weg, denn wir leben nicht gestern oder morgen, sondern ausschließlich und immer nur *jetzt.*

NACHIKETA

27 Reichtum macht die Menschen nicht zufrieden. Außerdem: Jetzt, da ich dir begegnet bin, werde ich ohnehin Reichtum erlangen. Und ich werde leben, solange du Macht hast. Das Einzige also, was ich mir noch wünsche, ist das, worum ich dich gebeten habe.

Wohlstand allein macht den Menschen nicht glücklich, davon weiß Nachiketa aus eigener Erfahrung zu berichten, denn als Mitglied der privilegierten Kaste der Brahmanen hat es ihm nie an etwas gefehlt.

Die Tatsache, dass Nachiketa nun Yama persönlich begegnet ist und dieser Gefallen an ihm fand, gibt ihm zudem die Sicherheit, auch in Zukunft in Wohlstand leben zu dürfen und den Tod nicht mehr fürchten zu müssen.

NACHIKETA
28 Wer auf dieser Erde, der weiß, dass er sterben muss und alle Sinnesfreuden, welcher Art auch immer, enden werden, würde sich freiwillig ein langes Leben wünschen, nachdem er in der Nähe unsterblicher Wesen war, die ihm viel größere Dinge geben können?

Nachiketas Frage ist rein rhetorischer Natur. Yama bietet ihm alles an, was ein Mensch in der Welt sich jemals wünschen könnte. Ohne zu zögern lehnt Nachiketa ab, wissend, dass Yama ihm unendlich viel mehr geben kann, nämlich vollkommene Selbsterkenntnis und ein Sein, das über alles hinausgeht, was menschliches Streben nach Glück auf Erden jemals erreichen könnte. Und so formuliert er am Ende des ersten Kapitels nochmals mit Nachdruck seinen dritten und größten Wunsch, das Wissen um *Mahati-Samparaye,* das große Sein jenseits der Dualität von Leben und Tod:

NACHIKETA
29 Yama, bitte erzähle mir vom Höchsten Leben nach dem Tod, über das die Menschen nichts Sicheres wissen. Nichts anderes will ich als dieses Geheimnis!

Hier endet das erste Kapitel des ersten Teils der Katha-Upanishad.

TEIL I

2. Kapitel

OM.

Erfüllt von Brahman sind die Dinge, die wir sehen.
Erfüllt von Brahman sind die Dinge, die wir nicht sehen.
Aus Brahman fließt alles, was ist.

Brihadaranyaka-Upanishad[22]

Yama hat seine überaus verlockenden Angebote nicht deshalb gemacht, um Nachiketa das Geheimnis der Unsterblichkeit vorzuenthalten, sondern um ihn zu prüfen. Ist der Junge schon reif für eine tiefe spirituelle Unterweisung? Weil Nachiketa diese Prüfung mit Bravour besteht, wird der Junge zum persönlichen Schüler des mächtigsten Wesens im Kosmos. Der König des Todes wird Nachiketas *Guru* oder Lehrer.

In den vielen Legenden und Geschichten Indiens, die sich um die Weisen ranken, ist dies ein immer wieder neu variiertes Bild: Ein wissbegieriger Sucher macht sich auf den Weg zu einem Weisen und bittet, als sein Schüler angenommen zu werden. Doch der Weise sperrt sich und testet den Aspiranten, manchmal auf geradezu groteske Weise. Der Zen-Mönch Bodhidharma zum Beispiel, der Buddhas Lehre im 8. Jahrhundert n. Chr. nach China brachte, soll, so erzählt man sich, von einem jungen Mann verlangt haben, sich selbst den Arm abzuschlagen als Beweis dafür, dass es ihm ernst damit sei, sein Schüler zu werden und den Weg des Zen zu gehen. Yama ist da subtiler. Er führt Nachiketa in Versuchung, macht ihm verlockende Angebote. Doch Nachiketas innere Losgelöstheit, sein Vertrauen und seine Entschlossenheit überzeugen Yama. Nachiketa kann als Schüler angenommen werden.

Nun beginnt Yamas Unterweisung. Sie eröffnet mit einer radikalen und für die meisten von uns nur schwer anzunehmenden Feststellung, dass es nämlich nicht darauf ankomme, die Annehmlichkeiten des Lebens zu suchen, sondern dass der Zweck des Lebens allein darin liege, höchste Erkenntnis zu erlangen. Yama sagt:

YAMA

1 Das Gute und das Angenehme sind zwei verschiedene Dinge. Sie dienen unterschiedlichen Zwecken. Doch letztlich sind beide eine Fessel für *Purusha,* den Menschen, wenn auch in unterschiedlicher Hinsicht. Wer das Gute wählt, tut sich etwas Gutes damit, doch wer das Angenehme wählt, verfehlt das Ziel des Lebens.

2 Gute und angenehme Dinge zeigen sich dem Menschen. Wer weise ist, betrachtet beide genau und unterscheidet. Er gibt dem Guten den Vorzug vor dem Angenehmen. Der Dummkopf dagegen wählt immer das, was ihm angenehm erscheint.

Yama unterscheidet zwischen *Shreya* und *Preya,* dem »Guten« und dem »Angenehmen«. Preya ist, wonach sich zweifellos die meisten Menschen sehnen und was sie zu erreichen suchen: beruflicher Erfolg, Wohlstand, Familie, erfüllende Beziehungen, schöne Dinge, Spaß und Freude an einem langen, gesunden Leben. Sich am Angenehmen zu erfreuen, ist nicht das Problem. An diesen Dingen aber zu hängen, nimmt uns unsere innere Freiheit.

Shreya ist das Gute aus spiritueller Perspektive. Es bezeichnet den Wunsch nach Selbsterkenntnis und Erleuchtung, nach Befreiung aus dem endlosen Kreislauf aus Geburt, Tod und Wiedergeburt, der uns immer wieder in die physische Welt führt, um von Neuem das Spiel von Freud und Leid in einem Körper zu erfahren.

Shreya ist natürlich immer noch ein Wunsch und insofern etwas, das den Menschen, *Purusha,* bindet, denn er ist noch nicht wunschlos glücklich und frei. Doch zielt einer, der Shreya anstrebt, auf Selbsterkenntnis und Befreiung. Und deshalb sagt Yama hier, dass er sich etwas Gutes damit tut, auch wenn sein Wollen ihn immer noch bindet.

Totale innere Freiheit sucht gar nichts mehr, nicht einmal die Erleuchtung, die man in der Sprache des Zen *Satori* nennt. In einem der Urtexte des Zen, dem Sandokai, bringt Meister Sekito Kisen (700–790 n. Chr.) diesen Gedanken so zum Ausdruck:

> »Zu sehr an den Erscheinungsformen zu haften führt zur Täuschung. Der Essenz zu begegnen und ihr zu folgen ist nicht das wahre Satori.«[23]

Purusha ist ein Sanskrit-Wort, das wir einfach mit »Mensch« übersetzen können. Zugleich bedeutet es aber auch ein Menschsein in seinem tiefsten Sinne, nämlich ein Sein aus unserer spirituellen Essenz heraus. Purusha ist im Yoga das, was wir über Körper, Gedanken, Gefühle und Geschichten hinaus in Wahrheit sind: Atman, reines Bewusstsein, unser ewiges inneres Licht reinen Gewahrseins, das niemals geboren wurde und nicht sterben kann.

Wenn wir Yamas Sicht der Dinge auf den Zustand der Welt von heute anwenden, können wir der Spezies Mensch leider kein gutes Zeugnis ausstellen. Wohin man blickt, strebt der Mensch nach mehr und immer noch mehr, hinterlässt verbrannte Erde und kommt doch nicht zur Ruhe. Er ist getrieben von Preya. Würde der Mensch genau hinschauen, dann könnte er sehen, dass er sich verrannt hat und nach innen schauen muss, wo allein er Zufriedenheit erfahren kann. Dies ist die mystische Idee der *Umkehr,* von der auch Jesus im Matthäus-Evangelium spricht. Viel zu haben bedeutet nicht schon viel zu *sein.*

Mit Nachiketa indes ist Yama sehr zufrieden, denn Nachiketa hat sich für Shreya entschieden:

YAMA

3 Lieber Nachiketa, du hast genau über die Dinge nachgedacht, die angenehm sind oder als solches erscheinen, und dich dafür entschieden, sie loszulassen. Du hast nicht den Weg des Reichtums gewählt, der so viele Menschen ins Unglück stürzt.

4 Avidya, spirituelle Blindheit, und Jnana, Erkenntnis, sind völlig verschiedene Dinge und führen zu unterschiedlichen Zielen. Du, lieber Nachiketa, strebst nach Erkenntnis, denn viele schöne Dinge habe ich dir angeboten und konnte dich doch nicht versuchen.

Avidya, wörtlich das Nichtsehen – hier mit »spirituelle Blindheit« übersetzt –, ist ein zentrales Konzept nicht nur der indischen spirituellen Philosophie, sondern aller mystischen Wege überhaupt. Jesus nannte es in seiner aramäischen Muttersprache *Hataha.* Avidya oder Hataha meint nicht die Blindheit unserer Augen, sondern unseres Herzens.

Weil die meisten Menschen nur glauben wollen, was sie sehen und berühren können, und nur das Physische als wirklich und wahr anerkennen (die offizielle Wissenschaft sagt ja sogar, dass Geist nur ein (Neben-)Produkt des physischen Gehirns sei), weil sie sich selbst und die Welt also auf das Materielle reduzieren, erfahren sie nicht die Tiefendimensionen ihres eigenen Wesens. Dieser wissenschaftliche *Reduktionismus* schneidet uns von der Quelle ab, die uns nährt und uns Leben schenkt.

Die Kernbotschaft der Upanishaden, des Yoga, des Buddhismus und auch der christlichen Mystik besagt aber, dass wir *nicht* der

Körper sind, auch nicht das Gehirn, sondern Purusha, namen- und formloses reines Bewusstsein oder Atman, die Kraft, die uns das Leben schenkt. Manche nennen sie auch Gott. Die Traditionen Indiens, das wissen wir jetzt, haben tausend Namen dafür.

Die Begriffe *Vidya* und *Jnana* bezeichnen das Gegenteil von Avidya, nämlich, jenes Unfassbare und Ungreifbare erkannt und Selbstverwirklichung erlangt zu haben. Warum Selbstverwirklichung? Weil Vidya oder Jnana die existenzielle Erkenntnis ist, dass wir nicht getrennt sind vom Höchsten Sein und der Ganzheit der Schöpfung, sondern eins damit. Gott zu erfahren bedeutet zugleich, unser eigenes Wesen zu schauen.

Der Bewusstseinsforscher Robert Monroe (1915–1995) sagte unmissverständlich: *»I am more than my physical body«* (»Ich bin mehr als mein physischer Körper«). Das ist nicht nur als Metapher zu verstehen. Monroe widmete sein Leben der Erforschung des Phänomens der außerkörperlichen Erfahrung, in welcher Menschen sich, wie der Begriff es bereits nahelegt, außerhalb ihres Körpers erleben und dabei luzide sind, also klar und voll bewusst, ja sogar im Besitz eines »zweiten Körpers«, den man in der Sanskrit-Sprache *Linga-* oder *Sukshma-Sharira* nennen würde, den feinstofflichen Körper.[24]

Die außerkörperliche Erfahrung tritt sehr häufig im Kontext von Nahtod- oder anderen traumatischen Erfahrungen auf, kann aber auf meditativem Weg auch ganz bewusst gesucht und herbeigeführt werden. Sich selbst auch nur ein einziges Mal als »nichtkörperlich« zu erfahren, kann den Blick auf die Wirklichkeit der Dinge radikal verändern, in der Regel zum Positiven, wie Nahtod-Studien und Berichte über außerkörperliche Erfahrungen eindrucksvoll zeigen.[25]

Spirituelle Blindheit, sagt das Yogasutra, führt zu einem egozentrierten Leben, das die Welt in Habenwollen und Nicht-haben-Wollen einteilt.[26] Und was wir am allerwenigsten haben wollen (aber mit Sicherheit bekommen werden), ist unser physischer Untergang. Wir nennen ihn »Tod«. Aus der Perspektive der spirituellen Philosophie ist er aber nur ein Übergang auf eine andere Existenzebene. Die mögen wir Himmel oder Hölle nennen, doch das sind nur Namen. Und die sind vergänglich …

Dass wir den Tod als *summum malum* empfinden, als das denkbar Schlimmste, ist nur allzu verständlich, sagt unser offiziell gültiges Weltbild doch, dass dieser Körper und sein Gehirn, seine Gedanken und Gefühle, sein Besitz, Erfolg und weltliches Streben alles ist, was Wirklichkeitscharakter hat. Selbst spirituell geprägte Menschen sind nicht frei von dieser tief in unseren Geist eingeprägten Überzeugung – so tief, dass wir manchmal erstaunt sind, wenn wir erkennen, dass sie auch in uns noch wirkt, die wir vielleicht glauben, schon ein Stück auf dem Weg zur Selbsterkenntnis zurückgelegt zu haben. Wir kennen uns selbst meist viel weniger, als wir denken. Charles Tart, ein herausragender Vertreter der sogenannten transpersonalen Psychologie (ein Zweig der Psychologie, der anerkennt, dass es erfahrbare spirituelle Dimensionen gibt, die unser enges Verständnis von *Person* transzendieren), hat eine Übung entwickelt, die er *The Western Creed Excercise* nennt, was in etwa so viel heißt wie »Die Übung des westlichen Glaubensbekenntnisses«. Sie fördert zutage, wie wir von tiefliegenden Überzeugungssystemen über Gott und die Welt durchdrungen sind, ohne uns dessen bewusst zu sein.[27] Wir kennen uns nicht wirklich, nicht einmal auf der Ebene unserer Psychologie, und umso weniger im Hinblick auf unsere spirituelle Natur.

Wie viele sehen wir, die kein Glück finden, obgleich sie alles haben, was Menschen sich erträumen können. Ob wir die radikale Botschaft der Upanishaden und Mystiker nun bejahen oder ablehnen, etwas kann nicht richtig sein an der Annahme, dass dauerhaftes Glück über ein Suchen und Finden im Äußeren erreichbar wäre.

Auch die folgenden Verse kreisen um das Thema der spirituellen Blindheit und was sie aus den Menschen macht:

YAMA

5 In spiritueller Blindheit lebend, doch sich für weise haltend, drehen sich die Dummköpfe im Kreise und folgen schmerzvollen Wegen wie Blinde, die von Blinden geführt werden.

6 Jenen, die nicht richtig unterscheiden können und sich von der Bedeutungslosigkeit weltlicher Errungenschaften verzaubern lassen, offenbart sich das Jenseits niemals. »Diese Welt allein ist wirklich«, sagen sie. »Ein Jenseits gibt es nicht.« – Das ist es, was sie denken. Und so fallen sie mir wieder und wieder in die Hände.

Das Einzige, was wir über unseren Lebensweg mit absoluter Sicherheit sagen können, ist, dass unser physischer Körper alt wird und wir ihn eines Tages aufgeben, also sterben werden. Ansonsten gibt es nichts, das mit Sicherheit ausgesagt werden könnte. Wir können nicht einmal sicher sein, ob wir den nächsten Atemzug noch tun. Vielleicht sterben wir noch vor dem nächsten Einatmen an einem Aneurysma, einem Apoplex oder einem Herzinfarkt. Das mag, oberflächlich betrachtet, weit hergeholt und sehr unwahrscheinlich erscheinen, doch ich kenne selber Menschen, die aus einem Zustand scheinbar völliger Gesundheit in ein Wachkoma gefallen sind. Das Leben kann von einer Sekunde auf die andere eine radikale und völlig unerwartete Wendung nehmen – in eine angenehme oder unangenehme Richtung.

Natürlich gehen wir mit *relativer* Sicherheit davon aus, dass wir den nächsten Moment noch erleben werden. Doch wirklich *wissen* können wir das nicht. Die Wahrheit ist: Der Tod blickt uns jede Sekunde über die Schulter. Wir werden ihm alle begegnen. Und dennoch denkt kaum einer darüber nach, geschweige denn, dass wir das Bewusstsein um den Tod in unser Leben integrieren würden. Wir schließen ihn weg in Institutionen, in Krankenhäuser, Heime und Hospize.

Versuche doch einmal diese kleine »Todesmeditation«. Setze dich, und komme zur Ruhe. Lenke deine Aufmerksamkeit auf den Atem. Betrachte ihn nur, ohne etwas zu verändern. Du atmest ein, und du atmest aus. Der Atem darf sein, wie er ist. Seine Kraft ist es, die dir das Leben schenkt. *Prana* heißt sie im Yoga. *Ruach* sagte Jesus dazu.

Wenn du ein wenig zur Ruhe gekommen bist, versuche dir ernsthaft vorzustellen, dass du nur noch ein paar Momente zu leben hast, eine Minute vielleicht. Lasse dich auf diese Vorstellung ein. Es ist ganz und gar ungefährlich. Du stellst dir einfach vor, nur noch eine Minute leben zu dürfen. Und nun stelle dir diese eine Frage:

Was ist jetzt noch wichtig?

Es ist spannend, das Licht unseres Bewusstseins auf diese Weise nach innen zu kehren und zu hören, welche Antworten aus der Tiefe kommen … Dieses einfache Einlassen auf den Gedanken der eigenen Sterblichkeit kann uns schon helfen, sie in unser Leben zu integrieren und jedem Moment seine eigene Tiefe und Bedeutung zu geben. Gleichzeitig bringt sie uns in eine achtsame Gegenwärtigkeit, in das überaus lebendige Hier und Jetzt des Seins.

Die Vorstellung von einem Sein nach dem Tod wird von der Wissenschaft negiert, denn keiner ist jemals zurückgekommen, um davon zu berichten. Von *Samparayah,* dem Jenseits, gibt es keine Fotos oder Filme. Doch zahllose Menschen kamen und kommen immer wieder dem Tod sehr nah, machen Nahtod- oder außerkörperliche Erfahrungen und wissen, dass sie mehr sind als ihr physischer Körper. Solche Erfahrungen ändern den ganzen Datensatz dessen, was man bislang für real hielt. Sie verändern oder transformieren uns.

Wer erlebt hat, dass er außerhalb seines Körpers lebendig war, *weiß,* dass die Annahme, alles, was existiert, sei physischer Natur oder physischen Ursprungs, falsch sein muss. Dies sind keine »esoterischen Spinnereien«, sondern Erlebnisse, von denen Menschen berichten, die fest im »ganz normalen Leben« stehen, darunter auch Wissenschaftler und Ärzte. Kann man es als wissenschaftlich bezeichnen, etwas zu negieren, nur weil es nicht mit dem gültigen Dogma zu vereinbaren ist? »Wahre Wissenschaft«, so Nahtod-Forscher Pim van Lommel, »beschränkt sich nicht auf materialistische, also einengende Annahmen, sondern ist neuen, anfangs bisweilen unerklärlichen Phänomenen gegenüber aufgeschlossen und betrachtet es als Herausforderung, auch für sie Erklärungsansätze zu finden.«[28]

Schauen wir in die Welt. Verläuft nicht alles in Zyklen? Tag und Nacht, der auf- und untergehende Mond, die Jahreszeiten, das Blühen, Vergehen und Wiedererblühen, unsere Ein- und Ausatmung … alles ist ein Kreislauf … ein Ganzes … ein Zen-Kreis … Und ausgerechnet unser Leben nun soll einen fixen Startpunkt A haben, vor dem gar nichts war, und einen Endpunkt B, nach dem wieder nichts sein soll? Das scheint doch einigermaßen absurd. Ob wir nach dem Ablegen unseres physischen Gefäßes nun Yama begegnen oder einem anderen Wesen oder ob wir ganz andere Erfahrungen machen, das können wir jetzt noch nicht wissen, doch wir gehen nicht als ein Nichts in ein Nichts ein, sondern betreten einen neuen Erfahrungsraum. Dies zu verneinen, so Yama, macht uns zu Dummköpfen.

YAMA

7 Viele gibt es, die über Atman, das Selbst, niemals etwas hören. Und viele, die davon erfahren, verstehen es nicht. Nur wenige sind es, die es darlegen können, und ebenso wenige, die die Lehre empfangen können.

Ob und was wir auch glauben im Hinblick auf die Frage, ob eine spirituelle Essenz – ein Selbst, Purusha oder Atman – in uns lebendig ist oder nicht, in diesem Punkt hat Yama sicher recht: Wie viele vom Schlage eines Nachiketa gibt es? Wie viele sind nicht vom Wein der Welt betrunken, von ihren Ablenkungen verzaubert? Wie viele wirkliche Sucher gibt es?

Millionen Menschen besuchen heute die Yoga-Studios der Welt. Die meisten streben nach körperlichem Wohlsein und gutem Aussehen. Daran ist gar nichts zu kritisieren, sind doch Gesundheit und Wohlbefinden außerordentlich wertvolle Güter. Doch wie viele sind sich bewusst, dass Yoga eigentlich mit dem Körper über den Körper hinaus will, mit dem Atem über den Atem und mit dem Geist über den Geist? Nicht viele Yogis und Yoginis sind vertraut mit Yamas radikaler Botschaft. Es ist dieselbe Botschaft, die wir auch in Patanjalis Yogasutra finden, in der Bagahavad Gita und im Thomas-Evangelium. Die Worte und Bilder mögen sich unterscheiden. Die zentralen Ideen und inneren Botschaften aber sind überall dieselben.

Und wie viele Lehrer gibt es wohl, von denen wir sagen könnten, sie seien *spirituelle* Lehrer, solche, die ihr inneres Licht gesehen haben? Leider haben ja nur die wenigsten die ungewöhnliche Chance, Yama persönlich als Lehrer zu haben. Noch heute laufen viele Menschen selbst ernannten Gurus nach und geben ihren gesunden Menschenverstand auf. Da ist es ratsamer, *sich selbst ein Licht zu sein* und das eigene Gehör zu schärfen für das, was uns unsere innere Stimme der Weisheit in jedem Moment zu sagen hat.

YAMA

8 Atman ist schwierig zu begreifen, wenn jemand darüber spricht, der es nicht selbst erfahren hat, denn es existieren viele falsche Annahmen darüber. Doch wenn jemand es darlegt, der selber eins geworden ist mit Atman, dann bleibt kein Zweifel mehr. Atman ist feiner als das Feinste und kann nicht durch Nachdenken verstanden werden.

9 Dies Wissen kann nicht durch Nachdenken erlangt werden. Es kann aber von einem verwirklichten Lehrer gegeben werden. Du bist wirklich ein Mensch von großer Entschlossenheit und hast einen solchen Lehrer gefunden. Möge es doch noch mehr Suchende geben wie dich!

Unser inneres Licht zu erfahren, ist keine Sache des Verstandes. Im Gegenteil, der Verstand kann uns dabei sogar ziemlich im Weg sein, weil er Greifbares braucht, um es zu be-*greifen.* Unsere spirituelle Essenz ist aber nicht greifbar. Sie ist das, wodurch wir sind und leben. Augen können sie nicht sehen, denn sie ist es, die uns überhaupt erst sehen lässt. Und unser Geist kann sie nicht denken, weil sie ihm die Kraft des Denkens schenkt. Der Gedanke, dass Gott sich nicht denken lässt, kommt in einem der tausend Namen Vishnus, die wir schon angesprochen haben, zum Ausdruck. Vishnu heißt auch *Achintya* und das bedeutet »DAS, was über das Denken hinausgeht«.

Unser inneres Licht ist nicht greifbar, und deshalb finden wir in den Schriften immer wieder neue Bilder, Metaphern, Gleichnisse und Geschichten, die uns einen Geschmack unseres wahren Wesens geben wollen. Manchmal können wir einen Hauch davon spüren, sehr sanft, einen Moment tiefen Glücks, der aus dem Nirgendwo kommt, ganz ohne Grund aus der Grundlosigkeit des Tao ... und immer wieder haben Menschen gewaltige Durchbrüche ins ewige Sein erfahren, noch hier und jetzt, in diesem Leben.

YAMA

10 Ich weiß, dass die Früchte des Handelns vergänglich sind. Die Ewigkeit kann nicht durch Vergängliches erreicht werden. Dennoch habe ich das Nachiketa-Ritual vollzogen und damit meine Stellung als König des Todes erreicht. Sie ist ewig nur in einem relativen Sinne.

Yama, der Verwalter des Karma, sagt uns hier selbst, was weiter oben schon angeklungen ist: Auch er wird nicht ewig leben, wenngleich die Zeitspanne seiner Existenz aus unserer Perspektive unendlich erscheinen mag. Doch, welch Ironie des Seins, auch der Tod ist sterblich!

YAMA

11 Die Erfüllung der Wünsche und die Herrschaft über die Welt, den unerschöpflichen Lohn der Rituale, das Ufer, an welchem keine Angst existiert, das Verehrungswürdige und Große, den gren-

zenlosen Raum – alles das hast du gesehen. Doch du bist weise und hast entschlossen all das abgelehnt.

Nachiketa hat die Verlockungen der Welt losgelassen, um das Höchste zu finden. Immer wieder spricht Yama ihm dafür seine Anerkennung aus und gibt ihm zu verstehen, dass er reif ist, die Lehren der Upanishaden zu empfangen. Natürlich sind das Aufforderungen an uns Leser, über unsere Anhaftungen an weltliche Belange nachzudenken, über unser oft kräftezehrendes Mühen und Streben, immer mehr im Leben zu erreichen. Jesus sagt im Thomas-Evangelium:

»Ein Mensch kann nicht auf zwei Pferde steigen oder zwei Bogen spannen, und ein Diener kann nicht zwei Herren dienen, sonst wird er einen ehren und den anderen beleidigen.«[29]

Die Welt zu erobern und sich gleichzeitig Gott anzunähern, das ist nicht möglich, so die Botschaft Jesu. Nichts anderes sagt uns Yama. Was wollen wir, Selbsterkenntnis oder den Lohn der Welt? In diesem Sinne könnten wir auch Shakespeares berühmte Frage deuten: »Sein oder Nichtsein?« Leben wir nur für die äußere Welt und ohne eine Anbindung an die eigene Tiefe, sind wir nicht wirklich lebendig.

Dies ist eine herausfordernde und nur schwer umzusetzende Botschaft. Lebbarer indes wird sie im Sinne des *Karma-Yoga.* Darin steckt die Idee, dass wir alles, was wir tun, nicht für uns selbst tun, sondern für andere, vor allem aber für Gott oder das Höchste. Es geht dabei nicht um das Entsagen an sich und nicht um ein selbst gewähltes Leben in Einsamkeit und Verzicht, sondern darum, die Ergebnisse des eigenen Tuns in Gottes Hände zu legen. »Tue, was du tun musst, doch tue es für mich«, lautet die Botschaft Krishnas an seinen Schüler Arjuna in der Bhagavad Gita, der »Heiligen Schrift« Indiens.[30] Wir könnten vor dem Hintergrund des Gesagten auch ergänzen: Genieße dein Leben, doch tue es in dem Bewusstsein, dass ich in dir wohne, wie ich auch in allen anderen Wesen wohne. Dann gelangen wir wie von selbst zur Botschaft des nächsten Verses, wo es genau darum geht: sich beständig auf Atman, unser Selbst oder inneres Licht auszurichten, das eins ist mit Brahman.

YAMA

12 Wenn der Weise seinen Geist auf das Selbst ausrichtet, das in seinem tiefsten Inneren liegt, jenseits der Sinne und jenseits der Zeit, geht er über Freude und Schmerz hinaus.

Was hier mit »Ausrichtung auf das Selbst« übersetzt ist, heißt im Sanskrit *Adhyatma-Yoga*, das Verbundensein mit Atman. Gemeint ist, sich im Leben und in der spirituellen Praxis immer bewusst zu sein, dass unsere wahre Natur reiner Spirit ist, das Licht reinen Bewusstseins, das jeden Winkel des Weltalls durchdringt und das jenseits dessen liegt, was uns zu der Person macht, die wir sind. Atman ist transpersonal, jenseits aller Masken, die wir tragen, und der vielen Rollen, die wir spielen. Unsere Essenz transzendiert Körper, Gefühle und individuellen Geist. Sie alle sind nur temporär und verändern sich permanent. Unser inneres Licht aber wurde nie geboren und wird niemals sterben. Yama spricht hier von einem Leben im ständigen Bewusstsein der Tatsache, dass etwas Heiliges in uns ist, das größer ist als alles, was wir uns jemals vorzustellen vermögen.

YAMA
13 Wenn ein Sterblicher dies gehört und verstanden hat, wenn er Atman erkannt hat – sein inneres Licht und die feinste Essenz seines Wesens, die jenseits des Physischen liegt –, dann hat er die Quelle der Glückseligkeit erreicht. Du, Nachiketa, bist jetzt so weit, um einzugehen in Sadma, die Wohnstatt Brahmans.

Sadma ist ein Wort für die Wohnstatt Brahmans. Darin steckt *Sad,* ein Wort für die absolute Wirklichkeit. Sadma ist kein Ort, sondern ein Zustand. Die Texte der Mystik fordern uns nicht auf wegzugehen, sondern in unseren Herz-Geist zu blicken. Das Himmelreich Jesu, Buddhas Insel des Nirvana oder Sadma – sie alle sind nirgendwo anders als hier. Und sie sind zu keiner anderen Zeit als jetzt. Nachiketa ist längst über alles Habenwollen hinausgegangen. Nicht das Morgen sucht er, sondern die Ewigkeit des Hier und Jetzt. Und so fragt er unumwunden nach dem Unbegreiflichen.

NACHIKETA
14 Was liegt jenseits von Gut und Böse, von Ursache und Wirkung und von Vergangenheit und Gegenwart? Bitte, Yama, sag mir alles, was du darüber weißt!

YAMA
15 Das Ziel, das die Veden als Höchstes ehren, worauf alle spirituellen Bemühungen sich richten und das die Menschen sich wünschen, die ihr Leben ganz dem Höchsten widmen, ich sag es dir in aller Kürze: Es heißt OM.

Yama fasst die Botschaft aller Upanishaden in nur einer einzigen Silbe zusammen: AUM oder kurz: OM. OM, jene universale Klang-

Energie, die das ganze Sein durchflutet, ist eine Idee von unauslotbarer Tiefe, denn sie steht für Brahman, das Höchste. OM ist Brahmans Kraft und damit Ausdruck seines Bewusstseins.

Man nennt OM auch *Pranava,* das bedeutet so viel wie »das, womit man das Höchste richtig ehrt« oder »das, was ewig neu ist«, also nicht den Gesetzen von Raum und Zeit unterworfen. OM ist ein Symbol nahezu aller von Indien inspirierten mystischen und religiösen Wege. Seien es Hindus, Jains, Buddhisten oder Sikhs, alle ehren sie diesen Klang nicht nur, sondern nutzen ihn auch in ihren Meditationen. Yogis verwenden den Klang auch für ihre *Pranayama-* oder Atemübungen.

In dem Sanskrit-Wort *Pranava* steckt *ava,* das viele verschiedene Bedeutungen hat[31], aus denen sich aber als zentrale Botschaft ableiten lässt, dass OM eine Kraft ist, die allwissend (englisch: *om*-niscious), allmächtig *(om*-nipotent) und allgegenwärtig *(om*-nipräsent) ist; eine Kraft, die uns vor dem Negativen schützt und die spirituelle Blindheit auflösen und uns die Erkenntnis unseres wahren Wesens schenken kann.

OM durchdringt zahllose Schriften: die Veden, die Upanishaden, die zahlreichen Texte des Yoga und natürlich die Baghavad Gita. Es heißt, wenn man im Sterben liegt und dabei an OM denkt, erlange man die höchste Wirklichkeit.[32]

Im Yogasutra können wir lesen, dass das Pranava OM ein Symbol für den Schöpfer ist und wir mit seiner Hilfe *Samadhi* erlangen können, das meditative Gipfelerlebnis, in welchem wir uns mit unserem inneren Licht verbinden.

> »Ishvarahs (Gottes) Klang ist OM.
> Diesen Klang soll man sich immer wieder in Erinnerung rufen, wissend, wofür er steht. Durch diese Übung richtet sich das Be-

wusstsein nach innen und die Hindernisse auf dem Weg werden überwunden.«[33]

Erinnert uns das Wort Pranava nicht auch an Prana, das yogische Wort für Kraft oder Energie? OM ist ein Energieträger! Die Kraft, die OM ist, ist nichts weniger als die Kraft, die den Kosmos erschafft. Dass mit dem Wort oder Klang die Schöpfung ins Sein tritt, ist nicht nur eine Idee der Upanishaden. Vielmehr finden wir sie in vielen Schöpfungsmythen und Kulturen, so auch in der Genesis, wenn Gott *sagt:* »Es werde!« Oder im Evangelium des Johannes, wo es heißt:

»Im Anfang war das Wort, der Logos,
und der Logos war bei Gott,
und von Gottes Wesen war der Logos.
Dieser war im Anfang bei Gott.
Alles ist durch ihn geworden,
und ohne ihn ist auch nicht eines geworden,
das geworden ist.
In ihm war Leben,
und das Leben war das Licht der Menschen.«[34]

Das Weltall ist die Form, hinter welcher der Name oder Logos – der Klang oder die Vibration – als ihr Fundament steht. *Spandan* ist das Sanksrit-Wort für diese kreative Primärschwingung. Den Klang, mit dem das Weltall ins Sein kam, können Astronomen noch heute vernehmen. Sie nennen ihn »Hintergrundrauschen«, ein Echo des Urknalls, das die beiden amerikanischen Wissenschaftler Arno Penzias und Robert Wilson 1964 erstmals aufspürten, eine Art hörbares »Nachglühen« jenes superheißen Feuerballs, der am Anfang des Kosmos stand. Gott und Energie, so sieht es

Yama, sind eine Einheit. Im Yoga drückt sich dies nicht zuletzt darin aus, dass auch das Wort Prana manchmal für Gott verwandt wird – ein weiterer seiner tausend Namen.

Die Essenz oder das innerste Wesen eines Wortes nennt man im Sanskrit übrigens *Sphota.* Wenn OM der Klang ist, dann sind der Wille und die Kraft Gottes sein Sphota. Sphota und Wort, Essenz und Symbol, sie sind untrennbar. Und eben deshalb gilt OM, das die alten Seher in tiefer Meditation wahrnahmen, als die Quelle aller Formen und Namen. So ist OM der heiligste aller Klänge, die Energie des Höchsten, der die Schöpfung ihr Sein verdankt.

16 Dieser Klang ist Brahman. Und er weist über Brahman hinaus. Wer auf diesen Klang meditiert, erlangt, was immer er sich wünscht.

Yama unterscheidet zwischen *Brahman* und *Para-Brahman,* »das, was über Brahman noch hinausgeht«. Brahman meint, genau besehen, an dieser Stelle den ersten Aspekt Brahmans, das heißt den Schöpfergott, den man auch Hiranyagarbha nennt und dessen Symbol das kosmische Ei ist, aus dem das Weltall schlüpft. Im Wortklang AUM steht das A für den Aspekt des Höchsten, der unendlich weit über unser Vorstellungsvermögen hinausgeht. Umso mehr gilt das natürlich für Para-Brahman. Dieser Aspekt Gottes geht noch über das kosmische Ei und die Schöpfungsidee hinaus. Para-Brahman transzendiert sogar den Schöpfer. Im Klang AUM ist dies die Stille *nach* AUM.

Die alten Schriften Indiens fordern uns immer wieder auf, uns in der Meditation auf diesen Klang auszurichten. Die Yoga-Chudamani-Upanishad, eine alte Schrift des Yoga, rät uns, OM zu unserem Mantra zu machen.

»Dies höchste Licht ist AUM. Man soll es stets laut wiederholen und auch im Inneren üben, indem man es mental wiederholt.«[35]

Die Annahme, dass es etwas geben könnte, das sogar den Schöpfer transzendiert, geht weit über unser christliches Denken hinaus, das vor allem religiös-institutionell geprägt ist. Mit anderen Worten: Das »offizielle« Christentum und sein Denken sind bestimmt vom Wirken der Kirche. Hätte noch vor wenigen Jahrhunderten ein Mensch im Abendland behauptet, dass es eine Kraft gibt, die sogar über den Schöpfer hinausweist, hätte er mit seinem Leben dafür bezahlen müssen. Und das Gleiche gilt natürlich, wenn er gesagt hätte, dass er diese Kraft, also Gott, in sich selbst entdeckt habe. Mystiker lebten gefährlich.

Letztlich meinen Brahman und Para-Brahman gar nichts wesenhaft anderes. Es sind nur unterschiedliche Äußerungen ein und derselben Wirklichkeit, wenn man so will: die verschiedenen Gesichter Gottes. Und so ist die Unterscheidung zwischen Brahman und Para-Brahman im Grunde nur eine neue Wendung der schon angesprochenen Idee von Saguna-Brahman und Nirguna-Brahman. Saguna-Brahman – »Gott mit Eigenschaften« – ist das Höchste, wie es sich in der Welt in Formen und Begriffen ausdrückt. Nirguna-Brahman – »Gott ohne Eigenschaften« – ist die absolute Wirklichkeit hinter Saguna. Saguna und Nirguna oder Brahman und Para-Brahman, es sind dieselben und letztlich unbegreiflichen Bilder, die uns hier begegnen.

Die beiden weiteren Aspekte übrigens, von denen in diesen Versen nicht die Rede ist, die anderen Gesichter Gottes, werden vom U und vom M in AUM symbolisiert. Das U steht für das Werden nach der Schöpfung, das Prinzip der Evolution und Entfaltung. Für Vishnu. Und das summende Ausschwingen des M markiert die Auflösung der Existenz in den mystischen Zustand vor ihrem Sein. Für Shiva.

Im 11. Kapitel der Bhagavad Gita verwendet Krishna das Bild der »Flammen von Pralaya«, ein kosmisches Feuer, das einst alles Geschaffene wieder verschlingen wird und das Krishnas Schüler Arjuna in einer ihn mit Ehrfurcht erfüllenden Gotterfahrung erblicken darf:

> »Der Anblick deiner unbegreiflichen Gestalt ängstigt alle Welten – und so auch mich. (...) Deine Münder habe ich gesehen: Ihre Fänge sind flammend wie die Feuer von Pralaya, in welchen sich das All auflöst.«[36]

Eine der kürzesten unter den Upanishaden, die Mandukya, bringt AUM und die Ideen von Brahman und Para-Brahman in nur wenigen Worten zum Ausdruck:

> »Das ganze All ist die Silbe AUM.
> Vergangenheit, Gegenwart und Zukunft –
> alles ist in Wahrheit AUM.
> Und was jenseits davon liegt, auch das ist AUM.«[37]

YAMA

17 Dies ist die beste Stütze und das höchste Symbol. Wer es kennt, wird verehrt als einer, der Brahman kennt.

18 Das wissende Selbst ist weder geboren, noch kann es sterben. Es hat keine Quelle, noch bringt es etwas hervor. Es ist ungeboren, ewig, unvergänglich und uralt. Es kann nicht verletzt werden, auch nicht dann, wenn der Körper getötet wird.

Das wissende Selbst oder *Vipashchit*, das intelligente Bewusstsein, ist ein weiteres Wort für Atman. Es existiert aus sich selbst heraus und kann niemals untergehen, wie der König des Todes erklärt:

YAMA
19 Wenn einer, der tötet, denkt, er würde töten, und wenn einer, der getötet wird, denkt, er würde getötet, dann irren sich beide. Das Selbst tötet nicht, noch kann es getötet werden.

20 Atman ist feiner noch als das Feinste und größer als das Größte. Er wohnt im Herzen eines jeden Wesens. Wer frei ist vom Habenwollen, kann, wenn die Sinne und der Geist still sind, die Herrlichkeit Atmans erblicken und von jeder Sorge frei werden.

Es sind Verse wie dieser, die unmissverständlich sagen, dass es bei der Suche nach unserem innersten Wesen nicht um die Hoffnung auf ein anderes Leben geht, sei es nun ein zukünftiges Paradies auf Erden oder eines im Himmel, sondern um den Eintritt in einen erweiterten Bewusstseinszustand noch in diesem Leben. Unser inneres Licht brennt immer und unauslöschlich.

Und es brennt nicht nur in uns Menschen, sondern im Herzen eines jeden Wesens, »beginnend beim Schöpfergott, bis hinunter zu jedem Grashalm«, wie der Weise Shankara in seinem Kommentar zur Katha-Upanishad sagt.[38] In jeder Blume, in jedem Baum, in jeder Katze, jeder Kuh und jedem Menschen – Atman ist der Funke Brahmans in jedem lebenden Wesen. Und Brahman erfährt durch die Augen aller Wesen die Welt in ihren zahllosen Ausdrucksformen.

Ist das nicht eine wunderbare und einende Vorstellung? Dass alle Wesen miteinander verbunden sind durch das reine Bewusstsein, das sie alle durchflutet? Gott hat unzählige Augen. Sie strahlen in jeder Kreatur und erleben die Welt immer wieder neu. Welch tieferes Bild noch könnte es geben, das uns zu Mitgefühl für alles Leben aufruft? »Ihr seid hier, um zu lernen, dass alle Wesen, ungeachtet ihrer äußeren Lebensumstände, gleich sind«, sagt der zeitgenössische Mystiker Paul Ferrini. Und weiter:

»Männer und Frauen, Schwarze und Weiße, Hindus und Katholiken sind gleich in ihrem existenziellen Wert. Jegliche Ungleichheit wurde von euch selbst geschaffen und muss aufgehoben werden. (...) Ihr seid hier, um das tief verwurzelte Glaubensmuster zu überwinden, dass einige von euch mehr wert sind als andere.«[39]

Der Mystiker Kabir – er lebte im Indien des 15. Jahrhunderts – sagte einmal: »Gott ist der Atem allen Atems.«[40] Dieses unsterbliche Selbst wohnt in uns allen. Wenn Buddha und Jesus es fanden, Zhuang Zi, Laotse und so viele andere Menschen, dann können auch wir es finden. Das ist Yamas Versprechen, das Versprechen des Todes! Die Mystiker aller Zeiten wiederholten dies: Gott wohnt in uns. Kabir ruft uns deshalb auf, nach innen zu schauen, statt im Äußeren zu suchen.

»Geh nicht in den Blumengarten!
Freund! Geh nicht dahin!
Der Blumengarten ist in deinem Körper.
Setz dich auf die tausend Blütenblätter des Lotus
und blicke von dort auf die unendliche Schönheit.«[41]

YAMA

21 Das Selbst ist ruhend, und dennoch reist es weit. Wenn wir schlafen, bewegt es sich überallhin. Wer außer mir kann dies ewige Wesen begreifen, das jenseits von Freud und Leid liegt?

Unser Geist und unsere Gefühle unterliegen andauernden Veränderungen, Mustern oder Bewegungen. Das Yogasutra nennt sie *Vrittis* oder Wellen. Ob wir wach sind oder träumen, immer ist unser Geist in Bewegung, »reist weit«, wie Yama hier sagt, nicht jedoch das Selbst, das reine Bewusstsein, das wir sind. Vor dessen Augen – vor unseren *wahren* Augen! – führen unsere Gedanken und Gefühle ihre wechselnden Stücke vor. Wir sind nicht, was wir denken und fühlen, sondern DAS, was die Gedanken und Gefühle sieht.

Nur im tiefen, traumlosen Schlaf ist unser Geist still, ruhend in einem nicht differenzierten Zustand bloßen Gewahrseins. Im Tiefschlaf spielen wir keine Rollen mehr, haben keine Geschichte, keine Beziehungen, keine Sorgen und Ängste. Unser Geist ist nicht hier oder dort, vielmehr ist er überall und unbegrenzt. Es ist eben dieser Umstand, dem wir verdanken, dass wir morgens erholt aufwachen. Wir durften ein paar Stunden erleben, in denen wir frei waren von *Ahamkara,* unserem Ego-Ich und allen Dingen und Geschichten, die daran gebunden sind. Wenige Stunden der Verbindung mit der Einheit des Seins, befreit von den trennenden Ketten des Egos. Könnten wir diesen Zustand wachbewusst erleben, dann wären wir in *Turiya,* wie die Yogis sagen. Das ist neben dem Wachen, Träumen und tiefen Schlaf der vierte »Modus« des Bewusstseins. Turiya ist nur ein anderes Wort für Samadhi, den Zustand des Yoga: *Bewusstsein, das sich seiner selbst bewusst wird.*

Wenn der König des Todes hier fragt, wer außer ihm das Wesen Atmans erkennen könne, das über die Polarität des Lebens hinausgeht, dann ist das natürlich eine rhetorische Frage. Er will uns sagen, dass wir, wie er, *Viveka* entwickeln müssen, die Kraft der Unterscheidung zwischen Illusion und Wirklichkeit oder zwischen Vergänglichkeit und Ewigkeit, um uns mit unserem Licht zu verbinden. Das ist sicher nicht der Weg der meisten Menschen. Wer integriert die Idee der Vergänglichkeit und damit seiner eigenen Sterblichkeit schon in sein tägliches Leben?

Es mag in unseren Ohren so banal klingen, wenn wir die Weisen sagen hören, dass die Dinge sich verändern und wir loslassen müssen, am Ende sogar unseren Körper. Doch wenn wir eines Tages am eigenen Leibe tiefgreifende Veränderungen erfahren, etwa das Ende einer großen Leidenschaft, den Verlust eines geliebten Wesens, dann erst *fühlen* wir Veränderung und den Schmerz, den sie verursachen kann. Dann erst wissen wir um die wirkliche Tiefe dessen, was die Weisen uns sagen wollen. Die größten Wahrheiten sind einfach zu sagen, doch schwer zu verstehen … und noch viel schwerer anzunehmen und zu leben.

YAMA

22 Der Weise, der Atman, das Selbst, erkannt hat als das, was in allen sterblichen Körpern wohnt, selbst aber ohne Körper ist, weit und alles durchdringend, kennt keine Traurigkeit.

Wer schon mal einen Menschen in Agonie beobachtet hat, in den letzten Zügen des Lebens, das er schließlich mit einer letzten Ausatmung »aushaucht«, der muss sich unweigerlich diese Fragen stellen: Was ist jetzt gegangen, das eben noch da war? Welche Kraft hat diesen Menschen vor seinem letzten Atemzug noch »beseelt«? Was ist dieses Leben? Eine unsterbliche Kraft, sagt Yama, die selbst ohne Körper ist, aber doch alle lebendigen Körper durchdringt, eine Kraft, die wir *sind* und die wir dennoch nicht mit dem Verstand greifen können, ist sie doch die Quelle, aus der auch unser Verstand ausfließt.

YAMA

23 Das Selbst kann nicht erkannt werden durch das Studium von Schriften oder durch den Verstand, auch nicht, indem man viel darüber hört. Nur derjenige kann es erkennen, den das Selbst erwählt. Ihm offenbart es seine Natur.

Der Verstand also, unsere in der modernen Zivilisation so überaus hochgehaltene Gabe, kann es nicht greifen. Zu erleuchten vermag das Denken uns nicht. Spirituelle Schriften mögen uns zwar inspirieren und belehren, vielleicht sogar Anleitung für ein gutes Leben geben, doch Erleuchtung schenken können auch sie uns nicht. Wir müssen vielmehr etwas tun, einen Weg gehen. Und wir brauchen vielleicht auch ein wenig Hilfe. Der zweite Satz dieses Verses erinnert uns deshalb an die Idee der Gnade: »Nur derjenige kann es erkennen, den das Selbst erwählt. Ihm offenbart es seine Natur.« Den letzten Schritt zur Selbstverwirklichung »machen« wir nicht. Er mag geschehen, als wäre er ein Geschenk. Die *Gnade Gottes* nennen es manche.[42] Anders indes deutet es Shankara, der hier unser »niederes« Selbst, das Ego, gemeint sieht, das nach dem höheren Selbst, Atman, strebt. Aber liegt überhaupt ein Widerspruch in diesen beiden Deutungen? Ist nicht alles ein Ausdruck des Höchsten? Ego – Atman – Brahman. Am Ende löst sich alles auf in EINS.

Ich meine, wir können beides brauchen – Bemühung *und* Gnade –, um unser Licht zu finden. Unser Streben kann dazu führen, dass Stück um Stück die Schleier fallen, die uns daran hindern, unser wahres Selbst zu sehen. In vollkommener Klarheit kann Atman sich uns einst zeigen. »Wenn die Wolke verschwunden ist«, sagt Swami Nikhilananda (1895–1973), »zeigt die leuchtende Sonne sich selbst und offenbart ihr Strahlen.«[43]

Ein solch wunderbares Offenbarungserlebnis in einem Moment

tiefster Klarheit beschreibt Johannes vom Kreuz (1542–1591), jener spanische Mystiker, der seine größten inneren Erfahrungen unter der Folter der Inquisition machte:

> »Alles wird der Seele offenbar! Bei diesem letzten Schritt klaren Sehens, wo die Seele Gott auf der letzten Stufe der Leiter sitzend findet, verschmilzt sie vollständig mit ihm und nichts bleibt ihr verborgen.«[44]

YAMA

24 Wer böse Dinge tut, kann sein inneres Licht nicht finden, und auch nicht einer, dessen Geist nicht still ist und der seine Sinne nicht im Zaum hält. Allein durch die Erkenntnis der Wirklichkeit kann Atman erkannt werden.

Keine bösen Dinge tun, das verweist auf eine ethische Lebensführung, die in jeder spirituellen Tradition von größter Bedeutung ist. Der achtgliedrige Pfad des Yoga, wie er uns von Patanjali im Yogasutra überliefert wurde, beginnt mit zehn wichtigen Empfehlungen für einen sinnvollen Umgang mit uns selbst und der Welt. Zuvorderst steht da *Ahimsa,* das Nichtverletzen oder die Gewaltlosigkeit. Patanjali nennt es ein *Mahavratam,* ein großes Bekenntnis, das immer Geltung haben müsse, unabhängig von Person, Zeit, Ort und Umstand.[45]

Ahimsa zur persönlichen Richtschnur im Leben werden zu lassen, mag eine große Herausforderung sein, zumal in einer Weltgesellschaft, die so komplex ist wie die unsere. Es mag machbar erscheinen, in unserem unmittelbaren Umfeld niemanden in Gedanken, mit Worten oder gar Handlungen zu verletzen, indem wir uns darin üben, achtsam zu sein. Doch in einer Welt des globalen

Konsums, in der schon ein Klick im weltweiten Datennetz eine Aktion in der Wertschöpfungskette an einem beliebigen Ort auf diesem Planeten auslösen kann, ist es schwer sicherzustellen, dass kein Wesen durch unser Begehren und Handeln verletzt wird. Die Welt ist sehr unübersichtlich geworden. Dennoch, wir können uns jeden Tag aufs Neue *bemühen,* so zu leben, dass kein Wesen Schaden nimmt durch unser Tun. Ein geringerer Anspruch ans Leben kann schwerlich spirituell genannt werden.

Mit der Idee des Nichtverletzens fängt das spirituelle Leben an. Ohne Ahimsa wird jede andere Bemühung auf dem Weg zur Farce und geradezu bedeutungslos. Mahatma Gandhi machte die Gewaltlosigkeit zu seinem leitenden Lebensprinzip. Gandhi führte die von ihm initiierte Revolution, die Indien 1948 vom Joch des Kolonialismus befreite, ganz im Geiste von Ahimsa.

Wer im Streit mit sich selbst und der Welt liegt und unreflektiert von einer Sinnesbefriedigung zur nächsten rennt, wie könnte er in sich selber schauen und den stillen Geist erfahren, auf dessen Grund der Schatz seines wahren Wesens ruht?

YAMA

25 Wie kann einer wissen, wo das Selbst zu finden ist, für das sogar Gelehrte und Krieger bloß Nahrung sind und der Tod nur ein Gewürz?

Alles löst sich auf im Selbst, wie sich die Nahrung im Körper auflöst, der sie aufnimmt. Auch die Vertreter der höchsten Kasten, die Brahmins und Kshatriyas, gelehrte Priester und Krieger, ja sogar der Tod, alles das ist nichts im Vergleich zum Licht Atmans. »Es ist eines ohne ein Zweites, grenzenlos.«[46]

Hier endet das zweite Kapitel des ersten Teils der Katha-Upanishad.

TEIL I

3. Kapitel

Möge Stille sich auf meine Glieder senken,
auf mein Sprechen und meinen Atem,
auf meine Ohren und auf meine Augen.
Mögen alle Sinne klar und scharf werden.
Möge ich niemals Gott verneinen, noch Gott mich.
Ich mit Ihm und Er mit mir –
so mögen wir immer zusammenstehen.

Kena-Upanishad[47]

YAMA

1 Es sind zwei, die im erhabenen Raum des Herzens leben, und sie ernten die Früchte ihrer Handlungen. Jene, die Brahman kennen, oder die, die das Fünf-Feuer-Opfer darbringen, sowie jene, die dreimal das Nachiketa-Ritual vollziehen, nennen sie »Licht« und »Schatten«.

Brahman, das Licht, lebt als das Selbst im Raum unseres Herzens, so lehren es die Upanishaden. Yama verwendet den Begriff *Parame-Parardhe. Parame* heißt »höher, besser, größer, erhabener«. Und *Parardhe* setzt sich zusammen aus *Para*, »das Erste oder Höchste« – gemeint ist hier Brahman – sowie *Ardha,* »die Wohnstatt«, heißt also »die erhabene Wohnstatt des Höchsten«. Das Herz gilt als dieser Ort in unserem Körper, in welchem Brahman wohnt. Aber nicht nur Brahman lebt dort, sondern noch ein Zweites, sein »Schatten«, wie es in diesem Vers heißt. Dieser Schatten ist unser individueller Geist, zu dem unser Ego gehört.

Dass beide, Licht und Schatten, die Folgen ihrer Handlungen ernten, wie Yama sagt, ist eine Anspielung auf die Idee des Karmas, den Zusammenhang zwischen Handlungen und ihren Folgen. Das Sanskrit-Wort dafür, das Yama benutzt, lautet *Ritam.* Es bedeutet wörtlich »Wahrheit« und meint in diesem Kontext das unausweichliche Gesetz von Ursache und Wirkung. Leben um Leben ernten wir, was wir säen, inkarnieren immer wieder aufs Neue, bis wir eines Tages diesen Kreislauf aus Geborenwerden, Sterben und neuerlichem Geborenwerden durch die Erkenntnis unseres wahren Selbst durchbrechen. Wann und warum der »Abstieg« oder »Fall« das erste Mal geschah, weiß niemand, nicht einmal die Seher, denen Brahman sich in den Upanishaden offenbarte.

Den Raum des Herzens nennt man wörtlich *Hridaya-Kasha*. *Hridaya* ist sprachlich mit dem deutschen Wort »Rhythmus« verwandt. Das erinnert uns an den Pulsschlag, dem wir unser Leben verdanken. Im Kopf denken wir. Im Herzen aber *sind* wir. Wenn wir sagen »Ich bin«, dann zeigen wir mit der Hand auf unser Herz. So ist es naheliegend, wenn die Schriften sagen, dass unser Selbst und sein Schatten, das Ego, im Herzraum wohnen. Auch das Yogasutra spricht vom Herzraum und empfiehlt uns, darüber zu meditieren: »Indem man sich auf das Herz ausrichtet«, sagt Patanjali, »erlangt man Wissen über die Natur des Geistes.«[48]

Indische Mystiker beschreiben den Raum des Herzens als hell erleuchtet, unendlich viel strahlender als der äußere Raum der Welt.[49] Eine Vibration ist da zu vernehmen. Gemeint ist nicht das physische Pochen des Herzens, sondern *Anahad-Nada,* der »nichtgespielte Klang«, die Widerspiegelung des kosmischen Klangs AUM.

> »Dieser nicht gespielte Klang ist eine Verbindung oder Öffnung zwischen dem Manifesten (der Ebene der Welt) und dem Nichtmanifesten (der Ebene der Transzendenz) wie ein schwarzes Loch im Raum, das einen von der Ebene materieller Existenz in die Leere führt.«[50]

Das Fünf-Feuer-Opfer, von dem Yama spricht, ist eine rituelle Opfergabe an Himmel, Wolken und Erde sowie an Mann und Frau, die zwischen Himmel und Erde leben und diese in spiritueller

Hinsicht in sich verbinden. Wir sind Kinder des Himmels und der Erde. Auch diese Verbindung, das Aufgespanntsein des Menschen zwischen oben und unten, wird im Herzraum, in unserer Mitte, abgebildet. *Anahata,* das Herz-Chakra, ist das vierte von sieben wichtigen Energiezentren unseres Körpers. Es liegt genau in der Mitte. Drei Chakras liegen unter ihm und drei darüber.

Für die zwei, die in unserem Herzen leben, für Licht und Schatten, wird in den Upanishaden auch dieses Bild verwendet: Zwei Vögel sitzen auf einem Baum. Der eine isst von den Früchten, manche schmecken süß, manche bitter. Sie stehen für die Dualität des Lebens, für Freud und Leid, die wir erfahren, für den Schatten also. Ein anderer aber steht über diesen Dingen, ist im Licht. Er sieht die Früchte zwar, doch kostet er sie nicht, taucht nicht ein in die Polarität von Freud und Leid. Eines Tages sieht ihn der andere in seiner strahlenden Erhabenheit und Losgelöstheit – und erfährt Erleuchtung. Der Schatten geht ein in das Licht. Ganz im Zeichen dieses Bildes widmete einst der Mystiker Kabir diesem erhabenen Wesen des Lichtes im Raum unseres Herzens die folgenden Zeilen, die auch anklingen lassen, dass sich Brahman nur erfahren lässt, nicht aber beherrschen. Der Vogel des Lichts kann in keinen Käfig gesperrt werden.

»Auf diesem Baum lebt ein Vogel und tanzt in Lebensfreude.
Niemand weiß, wo er ist. Und wer kennt seine Melodie?
Wo die Äste einen tiefen Schatten werfen, da hat er sein Nest.
Er kommt am Morgen und fliegt am Abend fort und sagt kein Wort, was das zu bedeuten hat.
Niemand erzählt mir von diesem Vogel, der in mir singt.
Er hat keine Farbe und ist dennoch nicht farblos.
Er hat nicht Form noch Umriss. Er sitzt im Schatten der Liebe.

Er wohnt inmitten des Unerreichbaren,
des Unendlichen und Ewigen;
und niemand gibt ein Zeichen, wenn er kommt und geht.
Kabir sagt: Lieber Bruder! Tief ist das Geheimnis.
Lasse weise Menschen danach trachten zu erkennen,
wo dieser Vogel ruht.«[51]

YAMA

2 Nun wissen wir, wie das Nachiketa-Ritual zu vollziehen ist. Es ist eine Brücke für manche Menschen. Und wir wissen auch vom höchsten und unvergänglichen Brahman, wohin solche Menschen streben, die jene Grenze überschreiten möchten, hinter der keine Angst mehr existiert.

Das Nachiketa-Ritual, das Yama seinen Schüler bereits am Beginn ihrer Begegnung lehrte, führt die Menschen in den Himmel, wo sie lange Zeit glückselig leben und sogar den Status von Devas wie Yama erlangen können. Doch dieser Himmel, darüber haben wir bereits ausführlich gesprochen, ist nicht die Ewigkeit, nicht die absolute Wirklichkeit. Er ist »nur« eine schöne, doch vorübergehende Zeit. Wenn unser gutes Karma aufgebraucht ist, inkarnieren wir aufs Neue in die Welt aus Freud und Leid.

Wo Dualität ist, da ist auch Angst, nämlich die Angst vor der dunklen Seite des Seins, vor dem Schmerz, ganz besonders vor der Auslöschung. Im Himmel zu sein, bedeutet nicht, in Brahman aufzugehen. Manche mag es dorthin ziehen, wohl die meisten von uns. Doch manche Menschen suchen das Absolute und wollen über den Himmel hinaus, wollen alle Ketten sprengen und Grenzen überschreiten, um Erlösung zu erlangen, das Ende jeden Schmerzes und jeder Angst.

Die folgenden Verse legen in nur wenigen Worten eine vollständige Yoga-Psychologie dar, eine Art innerer Landkarte, wie wir sie auch im Sankhya finden, der philosophischen Grundlage des Yoga.

YAMA

3 Wisse, dass Atman der Herr des Wagens ist und Buddhi den Körper lenkt. Manas hält die Zügel.

Atman nennt Yama hier den »Herrn des Wagens«. Dieser Wagen heißt auch *Sthula-Sharira,* unser grobstofflicher Körper. Jesus nannte ihn den »Krug«. Auch »Gefäß« ist ein Begriff, dem man in der spirituellen Literatur immer wieder begegnet. Es ließen sich noch zahllose Synonyme für unseren physischen Körper finden. Dazu nur ein paar Beispiele, die Waldo Vieira auflistet, ein brasilianischer Arzt, der sich mit ungewöhnlichen Bewusstseinszuständen beschäftigt, vor allem mit dem schon angesprochenen Phänomen der »außerkörperlichen Erfahrung«. Er nennt den physischen Körper *Soma* und listet eine Vielzahl von Synonymen auf, darunter Begriffe wie »der sterbliche Körper, der weltliche Körper, der natürliche Körper, die Bewussteinshülle, der Tempel der Seele, das menschliche Aggregat, Instinktkörper, dichter Körper, evidenter Körper, irdische Hülle« und viele andere mehr.[52]

In der Bhagavad Gita nennt Krishna den Körper einen Mantel, in dem lebt, was unsterblich ist und nach dem physischen Tod in einem neuen Körper wiedergeboren wird.

»Wie man einen alten Mantel ablegt,
um einen neuen anzuziehen,
so legt das, was in uns wohnt,
den alten Körper ab und geht ein in einen neuen.«[53]

In unserer sterblichen Hülle wohnt auch Buddhi, die wir schon erwähnt haben als jenen Aspekt unseres Geistes, der für unsere Intelligenz, Weisheit und Intuition steht. Buddhi und Manas sind zentrale Bausteine des Geist-Konzeptes der Sankhya-Philosophie, die umfassend darzustellen ein eigenes Buch erfordern würde.[54] Damit wir jedoch verstehen, wovon Yama in diesem und den folgenden Versen spricht, sei in aller Kürze eine Zusammenfassung der angesprochenen Begriffe gegeben:

Buddhi bezeichnet einen Aspekt unseres individuellen Geistes, der zwei Ebenen hat. Nennen wir sie der Einfachheit halber die »niedrigere« und die »höhere« Ebene von Buddhi, ohne dies mit einer Wertung zu verbinden.

Die niedrigere Ebene von Buddhi steht für das, was wir Intelligenz nennen. Gemeint ist die rein »operative« Intelligenz, unsere Fähigkeit, logische Probleme zu lösen; oder die Fähigkeit des Wissenschaftlers, methodisch zu forschen, um zu neuen Erkenntnissen zu gelangen; oder die Gabe des Philosophen, mit komplexen Gedanken umzugehen. Wir sprechen hier also von der eher technischen Seite unseres Geistes, die man auch mit sogenannten »Intelligenztests« zu messen versucht. Ein hoher Intelligenzquotient allein reicht freilich nicht aus, um ein gutes Leben zu leben und Glück zu erfahren. Ganz sicher sagt er auch nichts darüber aus, ob wir weise sind oder nicht. Es gab und gibt immer wieder hochintelligente Menschen, die kein Glück finden. Und es gibt Genies, die ihre Intelligenz in den Dienst unethischer Ziele stellen und unweise handeln.

Ein Beispiel zur Verdeutlichung: Albert Einstein (1879–1955) und Robert Oppenheimer (1904–1967) waren Zeitgenossen. Zweifellos waren beide herausragende Wissenschaftler. Doch wo Albert Einstein friedliche Grundlagenforschung betrieb, baute Oppenheimer die Atombombe. In der Sprache der Yoga-Philosophie: Beide hatten eine hervorragend entwickelte Buddhi im Sinne von Intelligenz. Doch was Einstein hatte und Oppenheimer fehlte, waren Weisheit und Güte, jene Aspekte, die höhere Funktionen von Buddhi darstellen. Weisheit baut keine Bomben.

Die Tatsache, dass die niedrige Ebene von Buddhi, die Intelligenz, in eine gewaltsame Richtung gelenkt werden kann, zeigt, dass Intelligenz Ausrichtung braucht. Die Sankhya-Philosophie nennt diese Ausrichtung *Dharma,* wenn sie positiv ist, wenn sie also Liebe, Güte, Weisheit und Wahrheit anstrebt. Die Fehlausrichtung heißt *Adharma.* Einstein folgte dem Dharma, Oppenheimer dem Adharma. Immerhin wandte er sich nach dem zweimaligen Einsatz der von ihm entwickelten Massenvernichtungswaffe gegen sie und erfuhr dadurch große persönliche Nachteile im Leben. Die schrecklichen Folgen seines wissenschaftlichen Einsatzes machten ihn einsichtiger, weiser. Sie lenkten Buddhi in Richtung Dharma.

Das zeigt, dass Buddhi nicht ein perfekt entwickeltes Geschenk der Natur an uns ist, das von vorneherein schon gut und weise wäre. Buddhi verändert sich vielmehr, sie kann entwickelt werden. Aus spiritueller Sicht *muss* sie sogar entwickelt werden. Eben das bildet den Kern unseres inneren Wachstums: zu immer mehr Weisheit, Reinheit, Güte, Klarheit und Liebe zu kommen. Wir könnten sagen, dass dies sogar der eigentliche Sinn und Grund unseres Daseins auf der Erde ist. Die berühmte Schweizer Ärztin und Sterbeforscherin Elisabeth Kübler-Ross (1926–2004) sagte einmal: »Geistiges Wachstum ist der einzige Grund unseres irdischen Daseins.«[55] *Nota bene:* Nicht Shreya, also Freude zu haben, sondern Preya, das Gute aus spiritueller Perspektive, spricht Kübler-Ross hier an. Yama sprach davon bereits im ersten Kapitel.

Yama erwähnt in diesem Vers auch *Manas,* einen Begriff, für den wir im Deutschen kein treffendes Wort haben. Das englische *mind* kommt der Bedeutung von Manas recht nahe. Das alte deutsche Wort *Gemüt* wäre keine so schlechte Übersetzung, ist aber leider kaum noch in Gebrauch. Was ist nun Manas?

Zunächst sind das unsere Wahrnehmungen. Manas ist, in einem technischen Begriff ausgedrückt, die »Schnittstelle«, die unseren Geist mit der äußeren Welt verbindet. Alle Wahrnehmungen werden – und damit sind wir schon beim nächsten Aspekt von Manas – auf einer instinktiven Ebene quasi »automatisch« bearbeitet und bewertet. Im Falle von Bedrohungen werden reflexartige Reaktionen ausgelöst. Auch das ist eine Aufgabe von Manas. Reflexhandlungen gehen keine bewussten Entscheidungsprozesse voraus. Der Komplex aus Wahrnehmungen, Instinkten und Reflexen hat den biologischen Zweck, unser Überleben zu sichern oder im Fall von nicht bedrohlichen Wahrnehmungen zu prüfen, ob biologische Chancen bestehen (zum Beispiel auf Nahrung oder Paarung). Wahrnehmung, Instinkte und Reflexe, dieses biologische Erbe teilen wir mit allen Wesen.

Manas ist zudem jener Teil unseres Geistes, in dem unser Alltagsdenken stattfindet, unsere Gedanken. In Abgrenzung zu Buddhi sind hier nicht die logischen und bewussten Denkprozesse gemeint, sondern das eher »einfache« Denken, die Gedanken also, die andauernd von selber kommen und gehen, uns manchmal nicht schlafen lassen und sogar zur Verzweiflung bringen können.

Auch unsere Gefühle gehören zu Manas. Die indische Philosophie trennt Denken und Fühlen nicht. Das ist ein Charakteristikum der westlichen Philosophie seit René Descartes (1596–1650), man möchte eigentlich sagen Descartes' großer Irrtum. Gedanken lösen Gefühle aus und Gefühle wiederum Gedanken. Das ist ein so simpler empirischer Zusammenhang, dass jedes Kind ihn versteht. Gefühle und Gedanken sind eng verknüpft, und es ist nicht sinnvoll, sie getrennt voneinander verstehen zu wollen.

Wo wir gerade bei Descartes sind, ihm unterlief im Geistverständnis des Menschen ein weiterer folgenschwerer Irrtum, der aus meiner Sicht viel gravierender ist als sein erster. Er war nämlich der Meinung, nichtmenschliche Wesen hätten keine Seele und seien deshalb auch nicht fähig zu Empfindungen und Gefühlen. Das Schreien eines verletzten Tieres sei nichts weiter, als würden die nicht geschmierten Räder einer Maschine quietschen. Dieses Denken wider die einfachsten Prinzipien des gesunden Menschenverstandes läutete das grauenvolle Zeitalter der Vivisektion ein. Man nagelte Schweine, Hunde, Katzen und viele andere wehrlose, fühlende Geschöpfe auf Holztische, um sie bei lebendigem Leibe aufzuschneiden und zu untersuchen. Ihre Schmerzensschreie negierte man. Tiere sah man nicht als Mitgeschöpfe, sondern als Automaten. Gandhi bezeichnete dies ganz zu Recht einmal als das schwärzeste Kapitel der Menschheit. Das erinnert uns auch an die grauenvollen Laborexperimente, die man noch heute im sogenannten »Dienst an der Wissenschaft« mit fühlenden und schwachen Geschöpfen unternimmt, die wir leider immer noch als Objekte sehen und nicht als Geschwister. Der Grad unserer Weisheit und Zivilisiertheit bemisst sich aber, so meine ich, in erster Linie daran, wie wir mit schwächeren Wesen umgehen.

Ob Mensch oder Tier, Manas als Funktionsaspekt des Geistes ist in allen Geschöpfen angelegt, denn es ist schlicht ein vitales Instrument, das der Lebenssicherung dient. Die Fähigkeit, Gefühle, Angst und Schmerz, zu empfinden, spielt dabei eine entscheidende Rolle. Alle Wesen erleben sie auf die eine oder andere Weise.

Zur Überlebenssicherung gehört auch, dass wir auf Lebenschancen und Bedrohungen angemessen reagieren können. Mit anderen Worten: Auch unser Handeln und unsere Reaktionen sind ein Aspekt von Manas.

Wahrnehmungen, Instinkte und Reflexe, Gedanken, Gefühle und Reaktionen bilden also *zusammen* das, was die Sankhya-Philosophie Manas nennt.

Manas und Buddhi unterscheiden sich übrigens in einem besonders wichtigen Punkt: Manas denkt nicht nach und löst keine logischen Probleme, sondern ist von grundlegend biologischer Bedeutung. Manas trifft keine *bewussten* Entscheidungen. Was Manas kennzeichnet, sofern nicht gerade eine akute Bedrohung vorliegt, die zu automatischen Reaktionen führt, ist vielmehr der Zweifel. Manas pendelt und wartet darauf, von einer anderen Instanz eine »Anweisung« zu bekommen, nämlich von Buddhi, der eigentlichen Entscheidungsebene unseres Geistes.

Manas benötigt, um seine Aufgaben erledigen zu können, Unterstützung von weiteren Aspekten unseres Geistes, namentlich von unseren Sinnesorganen. Um sie geht es im folgenden Vers.

YAMA

4 Die Sinne, sagt man, sind die Pferde, und die Sinnesobjekte die Straßen. Das Selbst, das in Verbindung mit Körper, Sinnen und Manas steht, nennen die Weisen den »Erfahrenden«.

In der Philosophie des Yoga nennt man die Sinnesorgane *Jnanendriyas* (oder auch *Buddhindriyas*), das heißt so viel wie »Erkenntnisorgane«. Wenn wir den Begriff »Sinnesorgan« hören, denken wir natürlich zuerst an Ohren, Augen und so weiter, an unseren physischen Körper also. Doch gemeint sind mit Jnanendriyas nicht die körperlichen Sinnesorgane, sondern mentale Funktionen, genauer gesagt Fähigkeiten. Sehen, Hören, Fühlen, Schmecken und Riechen, das alles sind Fähigkeiten von Manas, die an die grobstofflichen Organe – Augapfel, Ohrmuschel, Zunge, Nase und Haut – nur gebunden sind, wenn wir unsere äußere Umgebung wahrnehmen wollen. Wenn wir aber zum Beispiel träumen oder andere innere Erfahrungen machen, dann sehen wir ganz offensichtlich eine bunte Welt. Wir schmecken, fühlen und riechen, obgleich unsere Augen geschlossen und auch die anderen Sinne ausgeschaltet sind. Kurz, nur um in der physischen Welt wahrnehmen zu können, brauchen wir auch unsere physischen Augen.

Yama vergleicht, wie es auch Krishna in der Bhagavad Gita tut, die Sinnesorgane mit Pferden und die Sinnesobjekte – Formen, Geräusche, Gerüche und so weiter – mit Straßen. Wir selber sind es nun, die dahin mitreisen, wo es die Pferde hinzieht. Jeden Moment sind wir mit unserem Wagen auf einer anderen Straße unterwegs, dem Dauerbombardement von Sinneseindrücken ausgesetzt, stets auf der Suche nach angenehmen Eindrücken, geradezu zerrissen.

In den folgenden Versen geht es um dieses dynamische Zusammenspiel von Buddhi und Manas.

YAMA

5 Buddhi steht mit Manas in Verbindung. Ist Manas immerzu abgelenkt, verliert Buddhi die Kraft der Unterscheidung. Dann sind die Sinne unkontrolliert wie die ungebärdigen Pferde eines Wagenlenkers.

6 Ist Buddhi hingegen verbunden mit einem kontrollierten Manas, dann hat sie die Kraft der Unterscheidung. So kommen auch die Sinne unter Kontrolle wie die Pferde eines Wagenlenkers.

Wenn wir hier von verschiedenen Aspekten unseres Geistes – Buddhi, Manas und Jnanendriyas – reden, dann bedeutet das natürlich nicht, dass unser Geist fragmentiert wäre und aus einzelnen Teilen oder Organen bestünde. Es sind vielmehr nur unterschiedliche Funktionsaspekte. Tatsächlich hat unser Geist keine Teile, sondern er ist ein Ganzes. Er hat ja nicht einmal einen genauen Ort, auf den wir mit dem Finger zeigen könnten. Dass Yama, Patanjali und die Weisen Indiens uns erklären, der Geist ruhe im Herzen, ist nicht zuletzt auch als Hilfe für die Meditation gedacht: sich auf den Herzraum auszurichten. Seinem Wesen nach ist Geist aber nichtlokal oder, anders ausgedrückt, er ist allgegenwärtig. Unser Geist kann nicht eingezäunt werden.

Buddhi und Manas sind miteinander verbunden, erklärt Yama. Und wenn Manas, der »äußere« Aspekt des Geistes, der mit unseren Wahrnehmungen, Gefühlen und Reaktionen zu tun hat, »verrücktspielt« wie ein wild gewordenes Pferd, dann können auch die höheren Ebenen unseres Geistes – Intelligenz, Weisheit und Intuition in Buddhi – keinen Ausdruck finden. Buddhi mangelt es dann an Viveka, der Fähigkeit zu unterscheiden: Was ist richtig, was falsch? Was ist wichtig, was nicht? Einem chaotischen Geist mangelt es schlicht an Ausrichtung, an Fokussierung. Er wird zu unüberlegten Handlungen neigen und nicht unterstützend sein im Leben. Schon gar nicht wird er uns zu dem spirituellen Heimkommen verhelfen können, das allein und unbedingt Nachiketas Anliegen ist.

Hier nicht extra erwähnt hat Yama zwei weitere Aspekte des Geistes, die uns wohlvertraut sind. Da ist zum einen das Ego, das alle Erfahrungen bündelt, die wir machen. In der Sanskrit-Sprache heißt es *Ahamkara* oder Ich-Macher. Das Wort deutet bereits an, dass dies mehr ein Konzept ist als eine Realität. Alle Wahrnehmungen, Gefühle und Gedanken sind nicht nur irgendwelche, beliebige mentale Aktivitäten, es sind vielmehr *unsere* Wahrnehmungen, Gedanken und so weiter. Das Ego integriert alles, was wir erleben, und strickt daraus unsere ganz persönliche Lebensgeschichte. Es heftet einen Faden an jede Erfahrung, die wir machen, und grenzt uns ab gegenüber dem, was es für »Nicht-Ich« hält. So sichert es in Kooperation mit Manas unser biologisches Überleben.

So notwendig es für diesen Zweck auch ist – stellen wir uns vor, wir würden in einem unstrukturierten Ozean leben, wo Ich nicht von Nicht-Ich unterschieden werden kann. Großes Chaos herrschte dann auf der Welt. So notwendig das Ego also einerseits ist, so prekär ist es gleichzeitig, denn es neigt zu unablässigem Wachstum, zu einem Wachstum, das großen Schaden anrichten kann. Zudem verhindert es die Erkenntnis, dass wir auf einer tieferen Ebene mit allem verbunden sind, was ist, kommen wir doch alle aus *einer* Quelle.

Ebenfalls nicht genannt hat Yama einen vierten Aspekt unseres Geistes, nämlich *Chitta,* unsere Erinnerungen, die bewussten wie die unbewussten, und nicht nur solche, die aus diesem Leben stammen, sondern auch die Erinnerungen aus allen Existenzen, die wir im großen kosmischen Strom des Lebens durchschritten haben. Der allergrößte Teil dessen ist uns freilich nicht bewusst. Und so könnten wir Chitta durchaus treffend auch das Unbewusste nennen.

Manas (Wahrnehmungen, Gedanken, Gefühle), Ahamkara (Ego), Buddhi (Intellekt, Weisheit) und Chitta (die Erinnerungen aus allen Leben) – diese vier bilden das Panorama des individuellen menschlichen Geistes. Zusammen mit unserem Körper bilden sie das, was wir »Person« nennen, unseren individuellen Körper-Geist-Komplex.

YAMA
7 Ist Buddhi mit einem zerstreuten Manas verbunden, verliert sie ihre Unterscheidungskraft und ist ohne Klarheit. So kann die im Körper wohnende Seele niemals ihr Ziel erreichen, sondern geht ein in den Kreislauf von Geburt und Tod.

Unser Habenwollen ist es, das uns Leben um Leben beschert und die Seele immer wieder in neue Körper zwingt – ein Gefangensein in *Samsara*, dem Kreislauf aus Geborenwerden, Sterben und neuerlichem Geborenwerden, so die Philosophie der Upanishaden und des Yoga. Gautama Siddhartha, der Königssohn, den man den *Buddha* nennt – ein Erwachter, der aus der Klarheit von Buddhi lebt, in welcher Atman sich spiegelt –, empfiehlt uns, ganz im Geiste Nachiketas zu leben und uns nicht auf Abwege bringen zu lassen.

»Wenn du dich danach sehnst,
das schwer Erkennbare zu erkennen
und den Verlockungen der Welt zu widerstehen,
dann wirst du den Strom des Lebens durchqueren.«[56]

Damit der Geist den permanenten Verlockungen der Welt widerstehen kann und seine Neigung zur Zerstreutheit verliert, braucht er die regelmäßige Schulung durch Meditation. Es ist fast so, als würde man lernen, ein Instrument zu spielen. Buddha vergleicht das tägliche Sich-Üben in Konzentration und Meditation sogar mit einem Handwerk. Das Werkstück des Suchers ist sein eigener Geist. »Wie der Zimmermann Holz behaut«, erklärt er, »so formt der Weise seinen Geist.«[57] Mit kontrolliertem Manas kann der Mensch in großer Klarheit aus Buddhi heraus leben, das größte Ziel vor Augen, das Menschen sich setzen können: Selbsterkenntnis und spirituelle Erfüllung. Ganz in diesem Sinne erklärt Yama seinem Schüler:

> YAMA
> 8 Wenn Buddhi mit einem kontrollierten Manas verbunden ist, hat sie Unterscheidungskraft und Klarheit. Dann erlangt die im Körper wohnende Seele jenes Ziel, von dem aus sie nicht mehr wiedergeboren wird.

Buddha nannte einen Menschen, der dieses Ziel erreicht hat, einen *Anagamin,* einen »Nie-Wiederkehrer«, der in den Strom des Nirvana eingetaucht ist. Der Mystiker und Meditationslehrer Eknath Easwaran (1910–1999) sagt: »Der Lebenszweck dieses Menschen ist erfüllt, und daher muss er nie mehr wiedergeboren werden.« Wer diesen Zustand einmal erreicht hat, dessen »Reaktionen auf das Leben werden nicht durch das bestimmt, was ihm widerfährt, sei es gut oder schlecht; er handelt in völliger Freiheit. Der Kreislauf von Geburt und Tod schließt ihn nicht mehr mit ein. Da es ihm an nichts mangelt, hat ihm das Leben schlichtweg nichts zu bieten, was er bräuchte oder begehrte.«[58] Wer nicht begehrt, muss nicht wieder eintreten in den Mahlstrom des Lebens.

Zu der, wie ich finde, besonders liebenswerten Seite von Buddhas Botschaft gehört, dass er den am Ziel Angelangten nicht rät, dortzubleiben und sich nur noch am Ufer des Nirwana zu sonnen, sondern zurückzukehren und sich für andere einzusetzen. »Geht daher hinaus, ihr Brüder, auf eure Reise«, fordert er seine Schüler auf, »um des Glücks der vielen willen, aus Mitgefühl für die Welt.«[59]

YAMA

9 Ein Mensch, dessen Buddhi Unterscheidungsvermögen besitzt und ihn wie ein guter Wagenlenker auf die richtigen Pfade führt, erreicht das Ende des Weges, den höchsten Ort Vishnus.

Vishnu steht in diesem Vers für Brahman, das absolute und alles durchflutende Bewusstsein. Shankara erklärt in seinem Kommentar zur Katha-Upanishad, dass Brahman in seinem Aspekt als Vishnu oder Schöpfergott, den Yama hier anspricht, auch *Vasudeva* genannt wird. *Vasu* bedeutet, allen Wesen und auch sich selbst Wohnstatt *(vasa)* zu sein. Und Deva, ein Wort auch für Gottheit, heißt wörtlich »leuchtend aus sich selbst heraus«.[60] Vasudeva oder Deva, dies sind nur weitere der tausend Namen Gottes.

Dorthin, »zum anderen Ufer«, wie Buddha sagt, gelangen wohl nicht viele Menschen. »Die meisten rennen weiter am diesseitigen Ufer auf und ab« und bleiben gefangen im endlosen Rad von Geburt und Tod. Wer von uns ist schon so weit wie Nachiketa? »Jene freilich, die dem Dharma folgen«, die ihr Leben also auf spirituelle Selbsterkenntnis ausrichten, »werden zum anderen, schwer zu erreichenden, jenseits der Macht des Todes liegenden Ufer gelangen«, sagt Buddha.[61] Dieses andere Ufer, das sollten wir nicht vergessen, ist kein anderer Ort irgendwo im weiten Universum, sondern ein Zustand unseres Bewusstseins.

Yama oder Buddha, die Botschaft ist die gleiche. Die Menschen mögen aus den Lehren Buddhas den Buddhismus gemacht haben, aus den Worten Jesu das Christentum und den Hinduismus aus den Botschaften, welche die Rishis am Indus empfangen haben. Im Äußeren mögen sie verschieden sein, Menschen mögen sich darüber streiten und sich deswegen sogar bekriegen, doch in ihrer mystischen Essenz sagen sie uns alle das Gleiche. Ihre Botschaft betont die ursprüngliche Einheit des Menschen mit dem Höchsten und mit allem, was ist. Nichts ist in Wahrheit getrennt, kein Dies vom Das und auch kein Ich vom anderen. Dasselbe Licht, das in meinem Herzen leuchtet, leuchtet auch im Herzen meines Nächsten. Nicht das Ego verbindet uns, sondern Atman. Zhuangzi sagt:

> »Nicht-Ich ist das wahre Ich.
> Und der größte Mensch ist Niemand.«[62]

YAMA

10 Jenseits der Indriyas liegen ihre korrespondierenden Objekte. Jenseits dieser liegt Manas und jenseits davon Buddhi. Über Buddhi hinaus geht Mahat.

11 Avyakta, das Nichtmanifeste, geht über Mahat hinaus. Purusha liegt jenseits noch des Nichtmanifesten. Es gibt nichts jenseits von Purusha. Er ist das Ende, das höchste Ziel.

»Jenseits von« oder »darüber hinausgehend«, das will ausdrücken, dass etwas subtiler oder feinstofflicher ist als das, was nachfolgt. Wir könnten auch sagen, dass es näher am Ursprung liegt, näher an der spirituellen Essenz. Yama erklärt uns hier eine *Hierarchie des Seins.* Um besser verstehen zu können, was er meint, müssen wir ein paar Worte über die Kosmologie und Psychologie der Upanishaden verlieren. Und wenn ich Kosmologie *und* Psychologie sage, dann ist damit schon angedeutet, dass sich Makrokosmos und Mikrokosmos im mystischen Denken nicht voneinander trennen lassen, weil das eine als ein Spiegel des anderen begriffen wird. Der Kosmos im Großen spiegelt sich in uns im Kleinen. Wie oben, so unten. Der Aufbau der Schöpfung und unser eigenes Wesen lassen sich nicht voneinander trennen.

Am zeit- und ortlosen Beginn des Seins steht Brahman, eine letztlich abstrakt bleibende Idee, die, wenn überhaupt, nur beschrieben werden kann als reines, formloses, ungeborenes und unsterbliches Bewusstsein. Letztlich muss Brahman aber immer unvorstellbar bleiben. Seine Spiegelung in unserem Wesen ist Purusha, »das, was in uns wohnt«. Purusha ist wesens- und umfangsgleich oder eins mit Brahman.

Aus diesem ursprünglichen, absoluten und rein transzendenten Prinzip entsteht als erste Manifestation oder Äußerung *Avyakta*, das »Nichtgeschaffene« oder »Nichtmanifeste«. Wir mögen uns dieses Nichtmanifeste als formlose Ursuppe der Schöpfung vorstellen, als unendliches Potenzial oder auch als ein Saatkorn[63], aus dem im Zusammenspiel mit Brahman der Kosmos wächst.

Dem Nichtmanifesten wohnt, anders als Brahman, keine eigene Bewusstheit inne. Die Bewusstheit Brahmans aber wirkt darin und bringt nun als erste »Wesenheit« der Schöpfung Hiranyagarbha hervor, den Schöpfer, der auch Brahma oder »Weltseele« genannt wird, wie wir schon gesagt haben. Hiranyagarbha, bildhaft als kosmisches Ei von goldener Farbe dargestellt, wohnen unfassbare Mengen Prana oder Energie inne. Deshalb wird der Begriff Prana manchmal auch als ein Synonym für Hieranyagarbha gebraucht. Gott ist Energie, so die Botschaft. Hiranyagarbha ist die »energetische Gebärmutter« des Weltalls, die kosmische Intelligenz und Blaupause, die Yama hier, ebenso wie die Sankhya-Philosophie, *Mahat* nennt. Sie bringt alles hervor, was im Kosmos existiert, auch die feinstofflichen Elemente oder *Tanmatras*, aus denen sich im Fortgang der Evolution sowohl die feinstofflichen Körper der Wesen bilden, als auch die grobstofflichen Elemente oder *Mahab-*

hutas, aus denen das physikalische Weltall aufgebaut ist. Zum feinstofflichen Körper gehören übrigens auch unser individueller Geist aus Manas, Ahamkara, Buddhi und Chitta sowie unsere *Indriyas.*

Von einigen Indriyas haben wir schon gehört, nämlich von den Jnanendriyas, unseren fünf Wahrnehmungsmöglichkeiten Sehen, Hören, Fühlen, Riechen, Schmecken. Daneben verfügen wir aber auch über fünf Fähigkeiten zu handeln. Man nennt sie *Karmendriyas.* Es sind dies: die Fähigkeit zu sprechen, zu greifen, zu gehen, auszuscheiden und die Fähigkeit zur Fortpflanzung. Die Indriyas sind der zusammenfassende Begriff für diese zehn Fähigkeiten oder auch »Sinne«, wie sie manchmal einfach genannt werden: fünf Jnanendriyas plus fünf Karmendriyas.

Mithilfe der zehn Indriyas tritt unser Geist in Kontakt mit der äußeren Welt. Mit den Jnanendriyas nehmen wir Eindrücke auf, mit den Karmendriyas wirken wir zurück in die Welt. Die Indriyas sind unsere Brücken zur Welt. Das schließt unsere innere Welt übrigens mit ein. Auch wenn wir träumen, nehmen wir wahr und handeln, aber nicht im physischen, sondern im feinstofflichen Raum. Westliche Esoteriker würden sagen: in der Welt des Astralen.

Wenn Yama nun sagt: »Jenseits der Indriyas liegen ihre korrespondierenden Objekte«, bewegt er sich ganz im Rahmen dieser Kosmologie, denn mit »Objekten« meint er die feinstofflichen Objekte oder Tanmatras, aus deren Vorhandensein alles Weitere seine Existenz bezieht, menschlicher Geist ebenso wie Materie. Und so gehen die Objekte den Indriyas voraus. Sie sind »schöpfungstechnisch« betrachtet, näher am Ursprung. Es ist ihr Sein, das Sinnesorgane erst sinn-*voll* macht. Allein die Tatsache, dass es Objekte gibt, die erkannt werden können, lässt Organe nützlich erscheinen, die sie erkennen können und in der Evolution auch entstehen.

Um diesen Punkt wirklich klarzumachen: Yama sagt nicht, dass die äußere Welt eine mentale Konstruktion sei, in ihrem Sein abhängig von unserem Bewusstsein, sondern gesteht ihr ein wirkliches, objektives und eigenes Sein zu – genauso, wie wir das auch im Yogasutra lesen:

> »Die Existenz eines Objektes ist nicht abhängig vom einzelnen Bewusstsein. Wäre es anders, was würde dann mit dem Objekt geschehen, wenn es nicht wahrgenommen würde?« [64]

Die Katha-Upanishad, das sehen wir hier wieder sehr klar, ist eine Yoga- oder Sankhya-Upanishad. Die Welt ist nicht bloß eine Illusion. Ihrer Existenz verdanken wir unsere Sinnesorgane, die den Zweck haben, mit ihr in Kontakt zu gehen.

Illusionär ist diese Welt aber insoweit, als wir sie nicht *unvermittelt* erleben können, sondern immer nur durch den Filter unseres begrenzten Geistes und seiner Fähigkeiten.

Und illusionär ist sie zweitens im Hinblick darauf, dass sie sich in einem permanenten Zustand des Wandels befindet. Nichts in ihr bleibt, wie es ist. Keinerlei Konstanz. Welt ist Bewegung. Welt ist Veränderung. Welt ist Werden. Nichts, woran wir uns festhalten könnten, nichts, das ewig ist.

Der Kern von Yamas Botschaft ist: Wir sind nicht die Welt, die wir wahrnehmen, sondern DAS, was wahrnimmt, nämlich Purusha, das Selbst, unser inneres Licht reinen Gewahrseins. Nicht das Werden sind wir, sondern das Sein.

YAMA

12 Das Selbst liegt verborgen in allen Wesen und ist deshalb nicht sichtbar. Doch wenn Buddhi hoch entwickelt und in der Lage ist, subtile Dinge zu sehen, kann es erkannt werden.

13 Der Weise sollte seine Wahrnehmungen einsinken lassen in Manas, Manas in Buddhi, Buddhi in Mahat und Mahat schließlich in das friedvolle Selbst.

Die Hierarchie des Seins, wie Yama sie gezeichnet hat, entfaltet sich aus dem Transzendenten über das Feinstoffliche hin zur materiellen Welt. Unser Geist gehört zur Welt des Feinstofflichen. Unser Körper ist grobstofflich. Das transzendente Licht aber liegt verborgen hinter der grobstofflichen und der feinstofflichen Welt. Um es sehen zu können, müssen wir »nach oben«, zum Höchsten hin oder »zurück« zur Quelle gehen. Nur dann können wir unser wahres Wesen erkennen. »Nach oben« und »zurück«, sie meinen dasselbe. Jenseits des Körpers, jenseits der Sinne, jenseits des Geistes, dahin musst du gehen und – *tat shante atmani yacchet* – verschmelzen mit dem friedvollen Selbst.

YAMA

14 Steh auf! Erwache! Geh hin zu den Großen und lerne! Schwierig ist dieser Weg, wie auf Messers Schneide zu gehen, so sagen die Weisen.

Die Menschen sehnen sich nach leichten Wegen. Und viele selbst ernannte »Große« versprechen sie uns vollmundig. Doch leichte Wege »bringen viele Schwierigkeiten«, wie Laotse sagt. Deshalb: »Hüte dich vor jenen, die einen schnellen und leichten Weg versprechen.«[65] Es mutet schon seltsam an: Im Äußeren sind viele Menschen bereit, sich zu mühen und anzustrengen, gerade auch im Yoga. Doch die eigentlich mühevolle und oft auch schmerzhafte Arbeit ist jene, die sich im Inneren vollzieht, eine Arbeit, vor der die heutigen Yogis und Yoginis auch gern fliehen: die eigenen dunklen

Seiten zu sehen und die manchmal sehr schmerzhaften Begrenzungen anzunehmen, mit denen das Leben uns konfrontiert. Der Geist, nicht der Körper braucht Befreiung.

YAMA

15 Was ohne Klang ist und nicht berührt werden kann, was keine Farbe hat und unvergänglich ist; was nicht zu schmecken ist, ewig und ohne Duft; was ohne Anfang ist und ohne Ende, jenseits von Mahat und unwandelbar – wenn du DAS erkennst, befreist du dich aus dem Griff des Todes.

Jenseits von Mahat, der kosmischen Intelligenz, deren Spiegel in uns Buddhi ist, liegt das Ziel des Strebens und das Ende eines jeden Konflikts. Niemand kann sagen, was DAS ist oder wie ES aussieht. Nicht einmal Yama kann das. So geht er die *via negativa,* den Weg der Verneinung, um auszudrücken, was nicht auszudrücken ist. Gott ist nicht Klang und nicht Form, nicht greifbar und nicht sichtbar. Ohne Anfang und ohne Ende. Unsagbar und unfassbar. Doch ER ist. Alles Leben kommt aus IHM. Dies ist *philosophia perennis,* ewige Weisheit.

YAMA

16 Der Weise, der die ewige Wahrheit, die Nachiketa von Yama empfing, gehört hat und weitergibt, erlangt höchste Ehren in Brahmas Reich.

Ganz geheim soll dies Wissen nicht bleiben, sagt Yama klar. Die Botschaft der Befreiung will weitermittelt werden, hinausgetragen in die Welt. Wer wirkliches Wissen erlangt hat, soll sein Licht nicht unter den Scheffel stellen, sondern kundtun, was er erkannt hat, und es nicht in seinem Herzen verstecken. Aus dem Thomas-Evangelium kennen wir eine ganz ähnliche Botschaft. Jesus sagt:

»Was ihr mit eurem Ohr hört, tut kund von euren Dächern dem anderen Ohr. Keiner entzündet eine Lampe und stellt sie unter einen Korb und auch nicht an einen verborgenen Ort. Vielmehr stellt man sie auf einen Leuchter, sodass alle, die kommen und gehen, ihr Licht sehen werden.«[66]

Auf dem spirituellen Weg ist das Geben wichtig. Wissen ist das Bedeutendste, was wir geben können, denn es macht Menschen frei und unabhängig. Es lässt sie wachsen. Das heißt nicht, dass wir spirituelle Erkenntnisse an jeden, jederzeit und überall weitergeben sollen. Nicht alle Ohren sind aufgeschlossen dafür. Wohl deshalb sprach Jesus so viel in Gleichnissen. Die wichtigen Botschaften der Schriften liegen oft zwischen oder hinter den Zeilen. Wir müssen schon genau hinhören, um zu verstehen. Ob, wem und was wir weitergeben, kundtun von unseren Dächern, dazu braucht es Unterscheidungskraft. Wenn wir achtsam in uns hineinhören, werden wir es wissen. Das Gute, das wir weitergeben, wird auf gute Weise widerhallen.

17 Unendlicher Verdienst wird einem zufließen, der reinen Herzens ist und dies höchste Geheimnis vor einer Versammlung von Brahmins oder bei einer Zeremonie zu Ehren der Verstorbenen rezitiert. Unendlicher Verdienst.

Hier endet das dritte Kapitel des ersten Teils der Katha-Upanishad.

TEIL II

1. Kapitel

Das Tao liegt im Verborgenen.
Dennoch strahlt es
in jeden Winkel des Alls.

Tao Te King[67]

YAMA

1 Als der Schöpfer, der durch und aus sich selbst heraus lebt, die Sinne schuf, versah er sie mit einer Verletzung, sodass ihr Blick sich nur nach außen richtet. So sieht der Mensch, was außen ist, nicht aber sein innerstes Wesen. Doch der Weise, der die Unsterblichkeit sucht, kann sein wahres Wesen mit geschlossenen Augen erkennen.

2 Unreife Menschen laufen den äußeren Annehmlichkeiten nach, gefangen im weitgespannten Netz des Todes. Die Weisen jedoch, wissend um die Unsterblichkeit, begehren nichts in dieser vergänglichen Welt.

Myein ist ein altgriechisches Wort, das »die Augen schließen« bedeutet. Daher kommt das Wort Mystik, das wir mit der Idee des Verborgenen und Geheimen in Verbindung bringen. Und darin liegen auch schon die wesentlichen Punkte, die Yama hier anspricht: In uns ist etwas verborgen, sehr fein und nicht mit den nach außen gerichteten Sinnen erkennbar. Wir müssen die Augen schließen, umkehren, uns also nach innen wenden, müssen die laute Welt in der Meditation verlassen, um in der inneren Stille unsere tiefere Wahrheit zu finden.

Spannend ist, dass Yama hier sagt, bei der Nach-außen-Gerichtetheit der Sinne handele es sich um eine Verletzung, um einen inhärenten Schaden sozusagen, den der Schöpfer selbst verursacht hat. Natürlich steht hier fast übermächtig die Frage nach dem Warum im Raum. Warum tut der Schöpfer so etwas? Warum belegt er seine Geschöpfe, durch deren Augen er in die Welt blickt, mit einem solchen Makel, um sie in einen kosmischen Tanz zu schicken, in dem sie Freud und Leid erfahren? Keine Schrift gibt uns Antwort darauf. Das Warum bleibt das größte unter den Mysterien. Warum tut Gott, was er tut? Wir werden keine Antwort darauf erhalten, doch es kann inspirierend sein, über ein paar mögliche Gründe nachzudenken, die dem Sein und Werden unterliegen *könnten:*[68]

Ist der schöpferische Ursprung in seiner Unermesslichkeit so überfließend, dass er einfach nicht an sich halten kann, dass er seinem kreativen Reichtum also erschaffenden Ausdruck verleihen muss? Oder empfindet das Höchste einfach ein Begehren, sich selbst zu erfahren, sich zu erforschen und kennenzulernen? Gott, der Gott schauen will … Will oder muss sich die Quelle, aus der wir kommen, vielleicht selbst entwickeln? Unterliegt Gott also einer Evolution? Schließt die Allmacht, Allwissenheit und Allgegenwärtigkeit des Höchsten also eine Fortentwicklung ein? Das würde bedeuten, dass Gott noch nicht am Ende seiner Selbstentfaltung angekommen ist und vielleicht niemals ankommen wird – dass Gott selbst ein Prozess ist.

Vielleicht ist das Höchste seiner Natur nach einfach nur verspielt wie ein Kind, sich selbst genießend. Sind wir damit alle nur Protagonisten seines kosmischen Tanzes oder Spiels, das man im Sanskrit *Lila* nennt, eines Spiels, das der Unterhaltung Gottes dient? Oder ist das Höchste einfach nur neugierig, ein Forscher, dessen Labor der sich selbst erschaffende Kosmos ist? Oder ist es die Einsamkeit, die Gott zum Schöpfer macht? »*Ekoham bahusyam!*«, soll Brahman einst gesagt haben: »Ich bin eines, lasse mich vieles werden!« Spürt Gott eine Art Sehnsucht, alle Eigenschaften zu ergründen, die er in seinem nicht manifesten, reinen Zustand nicht hat? Oder war es gar Langeweile, die Gott die Welt erschaffen ließ – als spannenden, niemals endenden, immer neu variierenden Film?

Wir mögen über all das nachdenken, doch die Weisen geben keine eindeutige und befriedigende Antwort darauf. Aber sie drängen uns geradezu, unser inneres Licht zu suchen … zu finden … heimzukehren … allen Verletzungen des Lebens zum Trotz. Am Ende – das ist die Ironie – sind es gerade diese Verletzungen, die uns umkehren lassen, um nach Äonen der Existenz in der Polarität der vergänglichen Welt endlich nach innen zu schauen und unser unsterbliches Selbst zu suchen. Vielleicht ist der Schmerz Gottes Versicherung, dass seine Geschöpfe sich nicht auf alle Ewigkeit in der Welt verirren? Wenn das Leben zu wehtut, wenden sie sich ihrer Quelle zu und treten den Heimweg an. Wenn wir es so sehen, wird der Schmerz zum Ruf der Gnade. Gott selbst will uns heimholen.

Es mögen noch nicht viele Menschen sein, die Nachiketas Weg gehen können. Doch es gab und gibt sie immer wieder. Sie wurden zu großen Vorbildern und spirituellen Lehrern, Menschen, welche die Kraft und den Mut hatten, der Welt ihr transformierendes Licht zu schenken: Buddha, Sokrates, Jesus, Laotse, Zhuangzi, Kabir, Rumi, Meister Eckhart und noch viele mehr.

YAMA

3 Das Selbst bewirkt, dass wir sehen, schmecken und riechen können, hören, fühlen und sexuelle Freuden genießen. Nichts bleibt verborgen vor ihm. Dies Selbst ist in Wahrheit DAS.

4 Es ist dies Selbst, Atman, weit und alles durchflutend, das uns die Erfahrungen ermöglicht, sei es im Wachzustand oder im Schlaf. Wer es erkannt hat, ist nie wieder betrübt.

Nicht unser Ego ermöglicht die Erfahrungen, die wir machen. Es ist lediglich die Instanz, die an alles, was wir erleben, ein Label heftet mit der Aufschrift »Ich und mein«. Wir brauchen es um des schieren Überlebens willen. Wir würden als Person buchstäblich zerfransen oder gar auseinanderfallen, gäbe es da nicht dieses Ich, das alle Wahrnehmungen, Handlungen, Geschichten und Erinnerungen integriert. Nicht das Ego macht die Erfahrungen, vielmehr ist das Ego selbst eine Erfahrung. Es lehrt uns, einsam zu sein. Es zeigt uns, wie weh es tut, vom Ganzen der Schöpfung getrennt zu sein und sich nicht verbunden zu fühlen mit der *Quelle,* aus der wir kommen. Das Ego und der Schmerz des Lebens, sie gehören untrennbar zusammen.

Es gibt Krankheiten, die zu einem Zerfallen des Egos führen können. Menschen, die tief in eine Demenz hineingehen, verlieren ihr Ich und alle Fäden, die es spinnt. Ich und mein? Das ist dann kaum noch eine Frage. Immer wieder erfahren sie tiefes Glück und Gelassenheit in diesem Zustand, der auch verbunden ist mit dem heilsamen Vergessen um den vergangenen Schmerz der Welt und frei von aller Sorge um die Zukunft. Die Demenz *kann* ein Eintritt in die »ichlose« Gegenwärtigkeit sein, der allein dieses noch fehlt: Bewusstheit.

Doch Demenzkranke machen immer noch Erfahrungen. Dazu braucht es nämlich kein Ego. Atman, reines Bewusstsein, sieht alles, was geschieht. Das Selbst ist die eigentliche Kraft hinter jeder Erfahrung. Patanjali nennt es auch *Drashta,* den Seher oder Zeugen, der den Film unseres Lebens sieht. Nachiketa sucht Drashta.

YAMA

5 Obgleich das Selbst die Früchte unserer Handlungen erntet, ist es Herr über die Zeit, Vergangenheit und Zukunft. Wer sich ihm nahe fühlt, braucht nichts mehr zu fürchten.

Wenn Yama sagt, dass Atman die Früchte der Handlungen erntet, will er damit zum Ausdruck bringen, dass unser unsterbliches inneres Licht sich immer wieder inkarniert. Es verbindet sich eng mit einem Körper-Geist-Komplex – die Yoga-Philosophie nennt das *Samyoga,* »die enge Verbindung« –, durch welchen und in welchem es die Folgen früherer Handlungen erfährt. Das Selbst ist dennoch immer eins mit der Quelle. Daher ist es der Welt in Zeit und Raum nicht wirklich unterworfen. Sich dem Selbst nahe zu fühlen, es zu spüren, so Yama, nimmt alle Angst von unserer Schulter. Die Angst ist ein Kind der Trennung. Sie gehört wie jeder psychologische Schmerz zum Ego. Das Fundament aller Ängste ist *Abhinivesha,* das Anklammern an das Leben, das, wie das Yogasutra sagt, sogar in den Weisen wirkt.[69] Die Einheit dagegen kennt keine Angst.

Um die oft so schmerzhaft enge Verbindung von Atman mit einem Körper-Geist-Komplex zu überwinden, gibt es die zahlreichen Methoden im Yoga und natürlich eine Vielzahl von Wegen in verschiedenen spirituellen Systemen. Wir könnten sie alle unter dem Begriff *Viyoga* zusammenfassen, ein Wort, das auf das Ziel der Trennung von Körper und innerem Licht verweisen will. Yama kommt in den letzten Versen der Katha explizit darauf zu sprechen, ebenso übrigens die abschließenden Aphorismen des Yogasutra oder das Ende der Sankhya-Karika, eines Textes, dem ein Denken zugrunde liegt, das maßgeblichen Einfluss auf alle Strömungen der spirituellen Philosophie Indiens hatte. Viyoga, die Aufhebung der zu engen Verbindung von Körper und Geist, ist das *letzte Ziel* des Yoga. Es beendet Samyoga und führt in den Bewusstseinszustand des Yoga, zum Einssein mit der Quelle, aus der wir kommen. Dann ist Purusha frei, losgelöst, in Kaivalya.

YAMA

6 Wer den Erstgeborenen sieht, der geworden ist aus dem Bewusstsein noch vor den Elementen des Geistes und wohnend im Herzen, inmitten des Körpers und der Sinne, der erkennt Brahman. Er ist in Wahrheit DAS.

Der Erstgeborene, *Purvam-Jatam*, verweist auf Hiranyagarbha, den Schöpfungsaspekt des Höchsten. Er geht den anderen Elementen des Seins, auch unserem individuellen Geist und seinen Sinnen, in der Schöpfungskette voraus. Darüber hat Yama schon gesprochen. Wir können, so wir wollen, auch »Gott« zum Erstgeborenen sagen. Doch dabei muss uns klar sein, dass es im indischen Denken etwas gibt, was sogar die Idee des Schöpfergottes noch transzendiert, ein höchstes und nur abstrakt zu fassendes »Etwas«, das Schöpfung, Evolution und Auflösung in sich vereint und sogar noch darüber hinausgeht: Brahman. Doch Brahman ist eins mit unserem inneren Licht und eins mit Hiranyagarbha, dem Erstgeborenen oder, anders ausgedrückt, eins mit seiner Schöpfung.

YAMA

7 Wer Aditi sieht, die als Prana, kosmische Energie, geboren wird, der erkennt Brahman. Sie ist die Seele aller Devas. Sie lebt in den fünf Elementen und wohnt im Herzen aller Wesen.

Yama wählt nun eine neue Strategie, das Unvermittelbare zu vermitteln. Natürlich, das muss man fast nicht extra erwähnen, spricht Yama zu uns allen. In Wahrheit sind *wir* Nachiketa. Sonst würden wir die Katha nicht lesen und auch keine andere spirituelle Schrift. Es gibt da offensichtlich eine Kraft in uns, die sucht, die es hinzieht zu etwas unendlich viel Größerem, als wir selbst es sind. Etwas, das nach Hause strebt. Wir kennen diese Kraft als Sehnsucht… als spirituelles Heimweh…

Yama erwähnt *Prana,* das Sanskrit-Wort für Energie. Eigentlich hat es eine ganze Reihe von Bedeutungen. Zum einen meint es einfach unseren Atem, den wir spüren können, wenn wir ein- und ausatmen. Weil uns der Atem belebt, weil wir ihm unser physisches Leben verdanken, ist Prana auch ein Wort für die Lebenskraft und ihre verschiedenen Aspekte, die in uns wirken. Im Yoga spricht man in diesem Zusammenhang auch von den fünf *Vayus* oder »Winden«.

Yama verbindet Prana hier mit der Idee einer Gottheit und nennt sie *Aditi*, was wörtlich übersetzt »Esserin« heißt. Aditi gibt nicht nur Leben, sie »verschlingt« oder »isst« es auch, sorgt also dafür, dass wir am Ende der physischen Existenz wieder in die Auflösung gehen und zu Erde werden. Aditi ist Kraft oder Energie, die Yama als eine große Gottheit auftreten lässt, für die man im Tantra auch den Namen *Shakti* kennt. Sie steht für den »absteigenden«, sich »nach unten« in die Manifestation hineinbewegenden Aspekt des Höchsten.

Manchmal wird Prana auch im Sinne von Brahman gebraucht und steht direkt für das Höchste selbst. Das ist gut nachvollziehbar, ist es doch die Kraft, die aus Brahman ausfließt. Sie ist sein Ausdruck und letztlich wesensgleich mit ihm. Energie können wir in unserem Körper gut spüren als Atem oder Wärme, als Pulsen oder innere Bewegung, als Empfindungen oder Gefühle. Energie ist *Brahman in wahrnehmbarer Form.* Wir können das Höchste vielleicht nicht direkt sehen, doch wir wissen, dass es ist, weil wir seine Wirkungen erfahren.

So geht es uns auch mit sehr vertrauten Formen von Energie. Dazu nur dies eine Beispiel: Wir wissen, dass Elektrizität existiert. Wir können sie nicht sehen oder genau beschreiben, sie hat keine

Form, keine Größe, keinen Geruch und keinen Geschmack. Doch wir wissen, dass sie wirkt, weil sie Glühlampen erhellen und Maschinen antreiben kann. Wenn wir sie berühren, dann fühlen wir sie. Und so ist es auch mit dem Höchsten. Gott selbst lässt sich nicht fassen, doch seine Kraft durchflutet uns.

Dass Prana als Aditi das Attribut des Weiblichen trägt, ist ein zutiefst mystisches Konzept, das wir aus vielen spirituellen Traditionen kennen. Kraft, Energie, Schöpfung, alles Wirken oder Werden, das sind die weiblichen Aspekte des Seins. Das meint eine Weiblichkeit natürlich nicht im Sinne von Gender, sondern als Metapher. Der Mensch ist die »Braut«, die Gott sucht, ihren »Gemahl«, um sich mit ihm in Glückseligkeit zu vereinen. Doch in Wahrheit sind beide, Mensch und Gott, niemals getrennt. Mann und Frau sind in ewiger Vereinigung, denn alles Werden kommt aus dem Sein als SEIN Ausdruck.

Auch das Christentum kennt übrigens die Idee der Lebensenergie als die Kraft Gottes in uns: den Heiligen Geist. Jesus nannte ihn in seiner aramäischen Muttersprache *Ruach d'Qudsha,* den heiligen Atem oder das Wort Gottes, seine Vibration, die in uns schwingt.

Im Yoga entwickelten sich aus einem originär spirituellen Verständnis von Lebenskraft verschiedenste Methoden der Atemarbeit, die man *Pranayama* nennt. Pranayama mag heute als rein körperliche Atempraxis verstanden werden, wenn es überhaupt noch praktiziert wird. Doch die eigentliche Idee von Pranayama ist zutiefst spirituell, so wie Yama es hier beschreibt, nämlich als das In-Kontakt-Gehen mit unserer Lebensenergie, ein in Verbindung gehen mit Gott also, der uns den Atem des Lebens schenkt. *Nishmat Hayyim* lautet das hebräische Wort aus der *Genesis* dafür.

»Da bildete der HERR, Gott, den Menschen aus Staub vom Erdboden und blies Lebensatem *(Nishmat Hayyim)* in seine Nase. So wurde der Mensch ein lebendiges Wesen *(nefesh hayyah).*«[70]

YAMA

8 Agni, der verborgen liegt zwischen zwei Hölzern, gut behütet wie ein Kind im Schoß der Mutter und jeden Tag aufs Neue verehrt von achtsamen Menschen – er ist in Wahrheit DAS.

9 Die Kraft, welche die Sonne auf- und untergehen lässt und die sogar die Devas brauchen – niemand kann darüber hinausgehen. Sie ist DAS.

Agni ist der Gott des Feuers, des Lichtes, das allsehende Auge, das dritte unter den fünf Elementen. Diese sind, vom Feinen zum Groben hin: Raum, Luft, Feuer, Wasser und Erde. Diesen Elementen ordnet die Yoga-Philosophie Sinnesorgane zu. Beim Feuer sind es unsere Augen. Sie sehen, worauf das Licht fällt. Gäbe es kein Licht, brauchten wir keine Augen. Denken wir an Wesen, die tief in den Ozeanen leben, in völliger Dunkelheit. Dort hat die Evolution Augen nicht hervorgebracht. Wozu auch? Wo kein Licht, da kein Auge. Die Sinnesorgane, daran sei hier nochmals erinnert, existieren, weil es eine äußere Welt aus materiellen Elementen gibt. Die Welt, wie Yama sie versteht und mit ihm die Philosophen des Yoga, ist keine mentale Konstruktion, wenngleich unsere *persönliche* Welt nur die unsere ist und wir niemals wirklich wissen, wie die Welt eines anderen aussieht.

Zurück zu Agni. Auch Feuer ist Energie, durch die Brahman sich ausdrückt, eine besonders ursprüngliche Form von Energie. Wie wohl der erste Mensch geschaut haben mag, als er das Feuer sah? In alter Zeit und in Ritualen entzündete man das Feuer, indem man Holzstöckchen aneinander rieb. Auch das kostet Energie. Und Aufmerksamkeit. Das Feuer zu hüten und es zu ehren, all das verlangt die Achtsamkeit des Menschen. Mithilfe des Feuers, seiner Energie und einem damit verbundenen Ritual, in welchem man diesem Opfergaben darbringt, Blumen zum Beispiel und andere Dinge, erinnert sich der Mensch an sein Verbundensein mit dem Höchsten.

Sogar die Sonne, die uns Menschen nächste Quelle unfassbar großer Energie, ja sogar alle Devas – sie leben allein aus der Kraft Brahmans. Das Höchste mag zwar tausend Namen haben, die Menschen erfanden. Doch in Wahrheit kann ein Wort es nicht zum Ausdruck bringen. So nennt Yama es *Tat*. Dieses Sanskrit-Wort bedeutet einfach nur: DAS.

Yamas Verweis auf die energetischen Aspekte des Seins als Wege zur absoluten Wahrheit sind auch eine Einladung, uns die ganz konkrete uns umgebende Welt genau anzuschauen und zu verstehen. »Die Indoarier der vedischen Zeit«, so Swami Nikhilananda in seinem Kommentar zur Katha, »kultivierten ein genaues Verständnis der Welt.«[71] Dieses Wissen schuf letztlich eine Art innerer Distanz oder Losgelöstheit gegenüber dieser dauernd sich verändernden Welt und war zugleich der Treibstoff für die Suche des Menschen nach einer ewigen und unveränderlichen Wirklichkeit – Brahman.[72] Diesen Zusammenhang von genauem Hinschauen auf die Welt und der Entstehung einer inneren Distanz gegenüber diesem instabilen und dauernd sich wandelnden »Studienobjekt« kennen wir auch aus anderen Schriften, zum Beispiel aus Patanjalis Yogasutra oder dem Thomas-Evangelium.

Im Yogasutra heißt es, wenn wir uns gut um unseren Körper kümmern, indem wir *Shaucha* beachten (eine ganze Reihe intensiver körperlich-mentaler Reinigungstechniken), »entwickelt sich innerer Abstand zu unserem Körper und dem anderer Menschen«.[73] Es ist dieser innere Abstand, das Lösen unserer so starken Identifikation mit unserem Körper, den die Mystiker als notwendig erachten auf dem Weg zum inneren Licht. Das entspricht der indoarischen Auffassung, dass genaue Kenntnisse über die Welt wichtig seien, um sich auf die Suche nach Brahman zu begeben, aus dem diese Welt ausfließt. Jesus formuliert es noch direkter, wenn er im Thomas-Evangelium sagt:

> »Wer die Welt erkannt hat,
> hat den Körper entdeckt,
> und wer den Körper entdeckt hat,
> dessen ist die Welt nicht würdig.«[74]

Wer die *relative* Welt oder *Prakriti,* wie die Sankhya-Philosophie dazu sagt, verstanden hat, der weiß, dass die *absolute* Wirklichkeit jenseits davon liegen muss. Prakriti hat kein eigenes Bewusstsein, kein eigenes Leben.[75] Alles Leben kommt aus dem reinen Bewusstsein, das darin wohnt und alles durchflutet. Aus Gottes Geist … Brahmans Geist … aus dem Tao …

YAMA

10 Was hier ist, ist auch dort. Und was dort ist, ist ebenso hier. Wer einen Unterschied zwischen beiden sieht, geht von Tod zu Tod.

11 Nur mit dem Geist kann man das Höchste erkennen. Dann sieht man keinen Unterschied mehr zwischen hier und dort. Wer ihn dennoch sieht, geht von Tod zu Tod.

Von Tod zu Tod gehen, das bedeutet, gefesselt zu sein an das Rad von *Samsara*. Yama spricht davon, dass Gott (»dort«) und die Welt (»hier«) eine Einheit bilden. Es ist ein nur scheinbarer Widerspruch zum gerade Besprochenen und zum Diktum Jesu, dass, wer die Welt erkannte, eine Leiche entdeckte.[76] Insofern, als das Höchste sich ausgießt in das Manifeste, können wir die Welt als eins sehen mit Brahman. In den Worten Meister Eckharts, eines christlichen Mystikers (1260–1328) aus Thüringen, der in einer Predigt über den »Reichtum Gottes« sprach:

»Der Reichtum Gottes, er liegt in fünf Dingen. Das erste: dass er die erste Ursache ist; deshalb gießt er sich aus in alle Dinge. Das zweite: dass er einfältig ist in seinem Sein; deshalb ist er das Innigste aller Dinge. Zum dritten: dass er ausfließend ist; deshalb teilt er sich allen Dingen mit. Das vierte: dass er unwandelbar ist; deshalb ist er das Ausdauerndste. Das fünfte: dass er vollkommen ist; deshalb ist er das Begehrenswerteste.«[77]

Meister Eckhart, da bin ich mir sicher, hätte sich prächtig verstanden mit Yama, dem König des Todes!

YAMA

12 Purusha wohnt im Körper, daumengroß. Er herrscht über die Zeit, über Vergangenheit und Zukunft. Ist er einmal erkannt worden, so wird er sich nie mehr verbergen. Er ist in Wahrheit DAS.

13 Purusha, daumengroß, ist wie eine Flamme, die keinen Rauch macht. Er herrscht über die Zeit, über Vergangenheit und Zukunft. Er ist derselbe, heute wie morgen. Er ist in Wahrheit DAS.

Es mag uns seltsam erscheinen, dass Yama hier zum wiederholten Male sagt, *Purusha*, unsere spirituelle Essenz, auch Atman genannt, wohne im Herzen, und dazu noch eine Größenangabe macht. Atman, daumengroß? Nach allem, was bisher gesagt wurde, wissen wir, dass unser inneres Licht nicht auf den Raum des Herzens begrenzt sein kann, auf keinen Raum, denn es ist seinem Wesen nach ohne Grenzen, Raum und Zeit transzendierend. So dürfen wir annehmen, dass Yama hier auf ein *Vidya* anspielt, auf eine der uns heute leider unbekannten Meditationen aus der vedischen Tradition. Vidya heißt Sehen und meint das Sehen oder Erkennen unseres Selbst, mithin das Gegenteil von Avidya, der spirituellen Blindheit.

Das Herz ist jedenfalls ein guter Ort, um sich in der Meditation darauf auszurichten. Und Meditation ist der praktische Weg, um unseren Geist mit *Purusha* zu verbinden, dem reinen Gewahrsein, das wir sind. Zur Symbolik von *Anahata-Chakra,* dem Energiezentrum in der Mitte der Brust, gehört ein Licht, das im Inneren einer Höhle brennt. Im Klang AUM steht das M für das Herz. M ist Pralaya, die Auflösung in den Ursprung. Hier eine sehr kurze, einfache und heilsame Herz-Meditation:

Setze (oder lege) dich in deine bevorzugte Meditationshaltung. Sie soll angenehm und stabil sein. Komm ein wenig zur Ruhe. Nun sage dir innerlich, langsam und bewusst, die folgenden Sätze und gehe dabei in die Wahrnehmung dessen, was du sagst:

»Ich nehme die Luftströmung in meinen Nasenöffnungen wahr.«

Fühle, was du sagst.
Nun dehnst du deine Wahrnehmung aus und sagst dir:

»Ich nehme die Bewegung von Brust und Bauch wahr, während ich atme.«

Du dehnst deine Wahrnehmung noch weiter aus und sagst dir:

»Ich bin mir in diesem Moment meines ganzen Körpers bewusst.«

Nimm deinen ganzen Körper wahr. Atme, als würdest du mit dem ganzen Körper atmen.

Zum Schluss bringst du deine Aufmerksamkeit zur Mitte der Brust. Atme, als würdest du durch dein Herz-Zentrum ein- und ausatmen. Du schließt, indem du dir eine positive Botschaft gibst, eine Botschaft wie diese:

»Ich liebe und ehre mich, so wie ich bin.«

Purusha, unser Selbst, herrscht über Vergangenheit, Gegenwart und Zukunft, sagt Yama. Unser inneres Licht, meint er, ist nicht gebunden an Zeit und Raum. Es ist jenseits aller Gesetze der Physik. Es war schon da, bevor wir geboren wurden, und wird leben auch noch dann, wenn unser Körper zu Staub und Asche geworden ist. Shankara fasste dieses grundlegende Ungebundensein – Kaivalya oder die fundamentale Freiheit unseres wahren Wesens – in seinen wunderbaren »Blütenkranz von Versen über die Erkenntnis des Absoluten« *(Brama-jnana-avali-mala).* Einer dieser Verse lautet:

»Ich bin ungebunden, ich bin ungebunden,
ich bin immer und ewig ungebunden.
Mein Wesen ist Sein, Bewusstsein und Glückseligkeit.
Ich bin der ›Ich Bin‹.
Ich bin ewig unvergänglich.«[78]

»Ich bin der ›Ich Bin‹«, sagt Shankara. Das erinnert uns an unsere eigene spirituelle Tradition, einen Ausspruch in Exodus, dem 2. Buch Mose. Als Mose auf dem Berge Horeb seinem Gott in Gestalt eines brennenden Dornbusches begegnete, fragte er ihn nach seinem Namen. Gott antwortete mit diesem kurzen Satz: *»Ah'yah Ashar Ah'yah – Ich bin der ich bin.«*[79]

YAMA

14 Regen, der auf unzugängliche Berggipfel fällt, fließt in alle Richtungen die Hänge hinab. Und so ist es mit einem, der denkt, das Selbst der Wesen unterscheide sich. Er läuft in alle Richtungen.

In allen Wesen leuchtet der Funke des Höchsten, der *gleiche* Funke. *Neshamah*, der Atem des Menschen, so heißt es im Alten Testament, »ist eine Leuchte des HERRN, er erforscht alle Kammern des Leibes.«[80] »*Aller Leiber*«, würde Yama sagen. Mein inneres Licht ist dasselbe wie deines. Wir teilen ein gemeinsames spirituelles Erbe, egal in welcher Tradition wir aufgewachsen sind. Das Höchste lebt in uns. »Die kosmische Seele«, so eine der Upanishaden, »ist eins und gegenwärtig in allen Wesen. Obwohl eins, erscheint sie uns als die vielen Wesen, wie Mondlicht auf dem Wasser.«[81] Den Gedanken, dass das Eine in allen Wesen ist, greift Krishna in der Bagahavad Gita auf. Es ist ein Plädoyer für unser Mitgefühl jedem lebendigen Wesen gegenüber.

»Derjenige sieht wirklich, der Param-Ishvarah in allen Wesen sieht: als unsterblichen Kern in sterblicher Hülle. Weil er Ishvarah in allen Wesen sieht, wird er keinem Lebewesen Schaden zufügen, auch nicht sich selbst. So erreicht er das höchste Ziel.«[82]

So verschieden unsere Körper und Temperamente auch sein mögen, im Herzen sind wir alle eins, verbunden durch *Eka,* das *eine* Licht, das in uns allen strahlt. Eka ist ein weiterer Name für Gott.

Sogar im Bösen wohnt das Höchste. Tief verborgen mag es dort sein, sich nicht in seinem Strahlen zeigend. Doch auch die unreife Seele ist auf ihrem Weg der Reinigung. Eines Tages wird sie klar und weise sein und sich in den großen Strom des Seins ergießen.

YAMA

15 Wie reines Wasser eins wird mit dem reinen Wasser, in das man es gießt, genauso, mein lieber Gautama, ist es mit dem Selbst des Weisen, der erkannt hat.

Yama spricht Nachiketa als *Gautama* an. Das bedeutet so viel wie »stärkster Stier« und meint auch den »Anführer der Herde«. Menschen vom Schlage eines Nachiketa, mag Yama wohl andeuten, sind berufene spirituelle Lehrer. Sie sind ihresgleichen weit voraus und haben das Potenzial, zahllose andere zu inspirieren. Die Tatsache, dass die Katha-Upanishad die Jahrtausende überdauerte und die Menschen bis heute bewegt, legt ein beredtes Zeugnis davon ab.

Hier endet das erste Kapitel des zweiten Teils der Katha-Upanishad.

TEIL II

2. Kapitel

Ich bin das Licht in allen Dingen. Ich bin alles.
Aus mir ist alles entsprungen, und zu mir ist alles gelangt.
Spalte ein Stück Holz. Ich bin dort.
Hebe den Stein hoch, und du wirst mich dort finden.

Jesus[83]

YAMA

1 In der Stadt, die elf Tore hat, regiert einer, der ungeborenes reines Bewusstsein ist. Wer auf ihn meditiert, wird keine Traurigkeit mehr erfahren und Befreiung erlangen. Er ist in Wahrheit DAS.

Die Stadt mit elf Toren ist unser Körper: Mund, Augen, Ohren und Nasenöffnungen sowie die Geschlechts- und Ausscheidungsorgane. Die verbleibenden zwei Tore sind der Bauchnabel und *Sahasrara*, das Kronen-Chakra, durch das Yogis in tiefer Meditation sowie am Ende ihres physischen Lebens ihren Körper verlassen.

Die Meditation ist die klassische Methode des Yoga, und Yama hält Nachiketa an, sie zu praktizieren. Auch Krishna wirkt in diesem Sinne immer wieder auf seinen Schüler Arjuna ein und gibt ihm auch eine konkrete Anleitung, die im Grunde alles beinhaltet, was wirklich wichtig ist, um sich der Meditation zu widmen:

»Der Yogi richtet sich stets auf sein inneres Licht aus. Er zieht sich zurück an einen ruhigen Ort und kontrolliert Körper und Geist. Er erwartet nichts und will nichts erreichen. Er sucht sich einen sauberen Platz, nicht zu hoch, nicht zu tief, und legt dort Gras, ein Fell und ein Tuch übereinander. Er setzt sich hin und übt sich in Konzentration: Er versucht, Manas, den denkenden Geist, einsgerichtet zu machen, und kontrolliert auf diese Weise Geist und Sinne – so praktiziert er Yoga, um sein Inneres zu reinigen. Körper, Kopf und Nacken sind gerade ausgerichtet, die Augen konzentrieren sich auf die Nasenspitze und wandern nicht umher. Mit ruhigem Herzen, ohne Angst und im Bewusstsein um die Quelle, aus der er kommt, richtet der Yogi sich auf mich als sein höchstes Ziel aus. Wenn er so in Konzentration verbleibt, erlangt er den Frieden, der in mir wohnt, und erreicht Nirwana.«[84]

YAMA

2 Er ist die Sonne, die am Himmel ihre Bahnen zieht. Er ist die Luft, die allen Raum durchflutet. Er ist das Feuer, das die Erde beherrscht, und der Nektar, der den Krug ausfüllt. Er lebt in Menschen und in Göttern, in der Wahrheit und im Kosmos. Er wird geboren aus dem Wasser wie aus der Erde. Er wird geboren in Zeremonien. Er entspringt den Bergen. Er ist die Wirklichkeit. Er ist groß.

Es kann anders gar nicht sein: Irgendetwas *bewirkt* alles, was geschieht. Nichts bewegt sich ohne Ursache. Es muss einen ersten »unbewegten Beweger« geben. Dabei ist das Wort »zuerst« in mehrfacher Hinsicht zu verstehen: ursächlich, zeitlich, wesensmäßig und im Blick auf das Ziel oder den Sinn – als eine Antwort sozusagen auf die großen Fragen nach dem Woher, Wann, Was und Wohin. Eine Kraft steht hinter allem, die Summe und Quelle aller Energie, die existiert und die Welt im Innersten zusammenhält. Der ganze Kosmos ist durchflutet davon, ob Himmelskörper oder Lebewesen, geboren aus dem Wasser oder auf der Erde, ob Pflanze, Tier oder Mensch. Es gibt *eine* alles verbindende Wirklichkeit.

Wenn Yama hier sagt, dass Gott auch aus Zeremonien geboren wird, dann spricht er sicher nicht von einer nur oberflächlich gelebten Religiosität, denn das stünde im Widerspruch zum ganzen Geist seiner Lehre. Vielmehr kann er hier nur die tiefe Hingabe meinen, eine innere Haltung, die sich etwas Höchstem vollkommen anvertraut, unvergleichlich viel größer als wir selbst, wissend, dass es überall ist, so wir nur hinsehen wollen.

Gegen einen nur oberflächlichen Verehrungskult des Göttlichen wandte sich auch der griechische Dichter Sophokles im 5. Jahrhundert vor Christus. Wirkliche Esoterik sagt, dass Gott in allem ist, was ist, und dass er selbst alles ist, was ist.

> »Eins ist Gott, in Wahrheit eins ist er, der den Himmel wie auch die weit sich ausstreckende Erde schuf, die Wellen des blauen Meeres und die mächtigen Winde. Doch viele von uns Sterblichen, verwirrt im Herzen, machten sich Bilder von Gott als Trost für ihr Leiden, Bilder aus Stein, aus Holz, aus Messing, aus Gold oder aus Elfenbein. Sie bringen ihnen Opfergaben dar und halten sinnlose Festversammlungen ab. So gewöhnten sie sich daran, Religion zu praktizieren.«[85]

YAMA

3 Alle Devas heiligen den ehrwürdigen Einen, der in der Mitte ruht, Prana nach oben treibt und Apana nach unten. Er ist in Wahrheit DAS.

Es sind Verse wie dieser, die wieder zeigen, dass die Katha eine zutiefst yogische Upanishad ist, sind doch Prana, Apana und weitere, nicht ausdrücklich genannte, aber zwischen den Zeilen gesagte Begriffe zentrale Konzepte des Yoga. Yama spricht von unserem *Energiekörper* und konkreten Methoden, mit diesem durch die Übungspraxis in spezifischer Weise in Kontakt zu treten, ihn zu reinigen, ins Gleichgewicht zu bringen und zu aktivieren.

Inspiriert von der Taittiriya-Upanishad stellt sich die Philosophie des Yoga den Menschen als ein Wesen vor, das aus mehreren

Koshas aufgebaut ist. Das sind unterschiedlich dichte, sich gegenseitig durchdringende und überlagernde Schichten oder Hüllen.

Da ist zunächst *Annamaya-Kosha,* unser physischer Körper. Wörtlich bedeutet der Ausdruck »Nahrungskörper«. Das weist darauf hin, dass unser physischer Körper ganz aus der Nahrungsenergie, die wir aufnehmen, aufgebaut ist.

Tiefer im Inneren liegen *Manomaya-Kosha* und *Vijnanamaya-Kosha*, die man in der westlichen Esoterik Astral- und Weisheitskörper nennt. Wir könnten auch Emotional- und Intelligenzkörper dazu sagen oder alternative Begriffe aus dem esoterischen Sprachfundus anderer Traditionen benutzen. Ich sage gern »innerer Raum« zu diesen beiden Koshas, umfassen sie doch alle Aspekte unseres individuellen Geistes, die wir schon angesprochen haben: Manas (Wahrnehmung, Reflexe, Gedanken, Gefühle, Reaktionen), Ahamkara (Ego), Buddhi (Intelligenz, Weisheit, Intuition) und Chitta (Erinnerungen).

Noch tiefer als diese beiden liegt *Anandamaya-Kosha,* wörtlich »Glückseligkeitskörper«, ein unserem Denken nicht zugängliches Konzept, das unser begrenztes persönliches Sein schon transzendiert, weil Anandamaya-Kosha so nah an unserem spirituellen Kern liegt, dem Zentrum des Kosha-Modells: Atman oder Purusha, unser Selbst oder inneres Licht.

Zwischen dem physischen Körper und unserem inneren Raum gibt es noch eine weitere Hülle, nämlich *Pranamaya-Kosha,* unseren Prana- oder Energiekörper.[86] Er gilt als die Verbindung zwischen Körper und Geist, als Brücke zwischen dem Grobstofflichen und dem Feinstofflichen. Ihm schenkt die Philosophie und Praxis des Yoga größte Aufmerksamkeit.

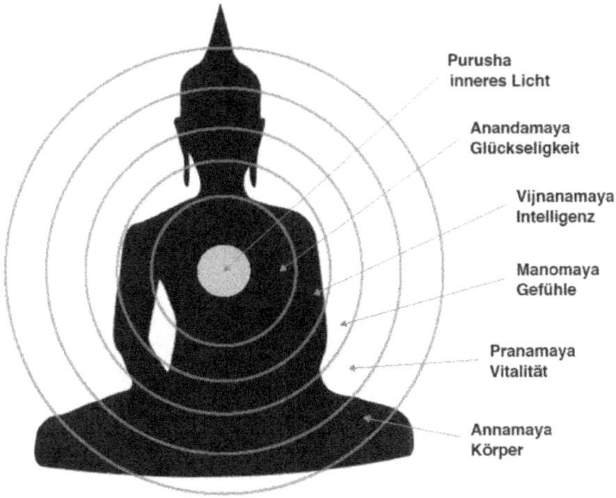

Die Koshas oder Hüllen des Seins

Es mag den meisten Yoga-Praktizierenden heutzutage nicht mehr bewusst sein, aber ihr Üben wurzelt in zutiefst esoterischen und energetischen Vorstellungen vom Menschen. Die Asanas oder Körperübungen des *Hatha-Yoga* versuchen, die wichtigsten *Nadis* – Ströme von Lebensenergie – zu reinigen und zu balancieren, um meditative Zustände zu begünstigen und schließlich die *Kundalini* »aufzuwecken«, den geheimnisvollen Pool spiritueller Energie an der Basis der Wirbelsäule. Sie wird symbolisiert durch eine schlafende, dreieinhalbfach eingerollte Schlange. Die Windungen von Kundalini stehen für die Bewusstseinszustände des Menschen: Wachzustand, Traumzustand und traumloser tiefer Schlaf. Die halbe vierte Windung repräsentiert *Turiya,* den vierten Bewusstseinszustand – Yoga oder Samadhi.

Im Yoga versucht man mit Atemübungen – *Pranayama* – Einfluss auf den Energiekörper zu nehmen. Hier kommen wir nun auch zu den von Yama genannten Begriffen *Prana* und *Apana*. Der Energiekörper, der unseren Körper belebt, ist aufgebaut aus mehreren Feldern von Energie. Es sind genau zehn: fünf Pranas, auch Vayus oder »Winde« genannt, und fünf untergeordnete sogenannte *Upapranas*. In der Praxis des Pranayama versucht man primär, direkten Einfluss auf drei dieser Vayus auszuüben.

Prana-Vayu oder einfach nur Prana ist ein Energiefeld, das im Bereich des Brustkorbs wirksam ist und die Lungen und das Herz-Kreislauf-System antreibt. Seine Hauptaufgabe ist die Einatmung. Prana-Vayu hat eine natürliche *Aufwärtsbewegung*, die Yama in diesem Vers anspricht. Zwar meinen wir, Luft von außen und oben nach innen und unten einzusaugen, doch tatsächlich verhält es sich so: Mit der Einatmung hebt der Brustkorb sich nach oben, weitet sich. Der dabei entstehende Unterdruck im Inneren presst die Luft dann von außen nach innen. Achte einmal auf deine Einatmung. Der Brustkorb bewegt sich dabei nach oben, die Energie wirkt also in diese Richtung. Wenn wir die Einatmung begrifflich abstrakter fassen, hat Prana-Vayu die Aufgabe der Absorption.

Apana-Vayu ist das gegenläufige Prinzip. Es hat eine ausscheidende Funktion – Exkretion. Dieses Energiefeld wirkt im Bereich des Unterleibs und des Beckens. Es aktiviert die für die Entgiftung und Ausscheidung verantwortlichen Organe (Niere, Blase, Geschlechtsorgane, Anus und andere). Apana-Vayu wirkt energetisch nach unten.

Im Pranayama will man den Energiefluss von Prana und Apana umkehren, also Prana nach unten und Apana nach oben führen, was mittels so genannter *Bandhas* oder Muskelverschlüsse in Kombination mit Atemverhaltungen, *Kumbhaka*, erreicht wird. In der Mitte, im Bereich des Energiefeldes *Samana-Vayu*, das etwa zwischen Bauchnabel und Brustbein liegt und für die Assimilation verantwortlich ist, sollen die gegenläufigen Energien dann völlig zur Ruhe kommen – ein besonderer Zustand, den Yogis anstreben, nicht nur, um ihre Gesundheit zu fördern, sondern vor allem, um in tiefe Meditation zu gelangen oder – und hier erst erschließt sich der Sinn von Yamas Aussage – sich mit dem inneren Licht zu verbinden. Wenn die Energien zur Ruhe kommen, kommt der Geist zur Ruhe. Und wenn der Geist zur Ruhe kommt, kann Atman darin aufscheinen.

Pranayama, so heißt es in der Yoga-Chudamani-Upanishad, ist eine »große Brücke, um den Ozean der Welt zu überqueren.«[87] Nicht um physische Atemübungen ging es den alten Yogis, sondern um spirituelles Wachstum, für das sie Körper, Atem und Geist methodisch in ihre Praxis einbezogen haben.

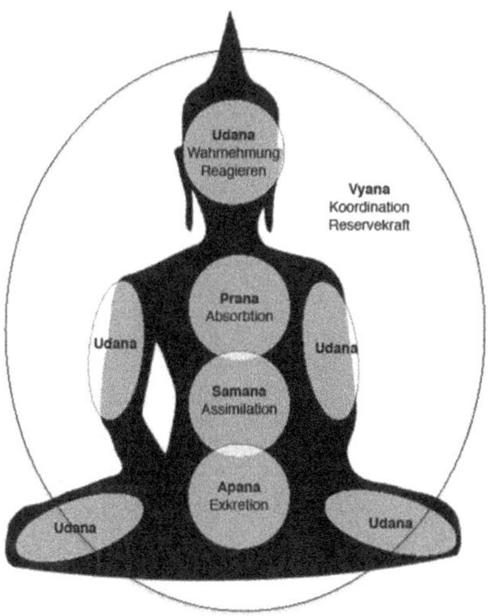

Die Vayus oder Energiefelder des Menschen

YAMA

4 Wenn sich das, was im Körper wohnt, von ihm löst und ihn hinter sich lässt, was bleibt dann? Dies ist in Wahrheit DAS.

Wir haben von den Koshas gesprochen, den Schichten unseres Seins. Wenn wir den Körper verlassen, sei es nun in tiefer Meditation, im Schlaf, bei traumatischen Erfahrungen, während eines Nahtod-Erlebnisses oder am Ende unseres physischen Lebens, dann lösen sich die inneren Schichten, die man auch *Linga* oder feinstofflicher Körper nennt, von unserem physischen Körper. Wir streifen das physische Gewand ab und sind dann immer noch der, der wir waren: ein Ich mit Wahrnehmungen, Gefühlen, Gedanken und Erinnerungen, mit Ängsten, Sorgen, Anhaftungen und so weiter. Das ganze psychomentale Tableau bleibt bestehen, auch ohne unseren physischen Körper. Sogar einen weiteren Körper haben wir dann noch, auch wenn dieser nicht den Begrenzungen unterworfen ist, die in der dichten Welt des Materiellen herrschen. Keine Schwerkraft hindert den nichtphysischen Linga daran, sich frei im Raum zu bewegen.

Die Sterbeforscherin Elisabeth Kübler-Ross hat ihr Leben lang mit Menschen gearbeitet, die Nahtod-Erlebnisse hatten, darunter auch zahlreiche Kinder, deren Berichte besonders authentisch sind, weil sie nicht so starken Konditionierungen unterliegen wie wir Erwachsene. Diese Frau, die auch selbst tiefgreifende spirituelle Erfahrungen machen durfte, vergleicht den physischen Körper des Menschen mit einem Kokon, aus dem beim Tod ein Schmetterling in die Freiheit fliegt:

»Der Kokon samt seiner Larve ist der vorübergehende menschliche Körper. Dieser ist aber nicht identisch mit Ihnen, er ist nur ein vorübergehendes Haus, wenn Sie sich das so vorstellen können. Sterben ist nur ein Umziehen in ein schöneres Haus, wenn ich das symbolisch so sagen darf. Sobald der Kokon, sei es durch Selbstmord, Mord, Herzschlag oder durch eine chronische Krankheit, also ganz egal wie, irreparabel beschädigt ist, wird der Schmetterling, also Ihre Seele, freigegeben.«[88]

Elisabeth Kübler-Ross spricht hier von »Seele«. Dabei denken wir vor dem Hintergrund des christlich-abendländischen Verständnisses an das Innerste unseres Wesens und zugleich an Erlösung. Doch aus Sicht des Yoga und der Mystik sind wir nicht allein schon deshalb erlöst und befreit, weil der physische Tod uns holt. Kübler-Ross konnte mit keinem sprechen, der *nicht* zurückkam von seiner Begegnung mit dem Sterben. Manche Mystiker gingen, so dürfen wir vermuten, sehr viel weiter in die Tiefe ihres Wesens, als es Menschen bei Nahtod-Erlebnissen meist vergönnt ist. Und so ruft der indische Mystiker Kabir uns ebenso eindringlich auf wie Krishna, noch heute zu erwachen. Wenn wir hier und jetzt aufwachen, sind wir auch im Jenseits erwacht.

»Brechen deine Fesseln nicht noch zu Lebzeiten, welche Hoffnung auf Befreiung liegt dann im Tod? Zu glauben, die Seele würde eins mit Ihm, nur weil sie den Körper verlassen hat, das ist bloß ein Wunschtraum. Findest du Ihn jetzt, so findest du Ihn dann. Wenn nicht, dann wirst du bloß in der Stadt der Toten wohnen. Erlangst du jetzt die Einheit, so erfährst du sie auch im Jenseits.«[89]

Jesus gibt uns eine frappierend ähnlich klingende Botschaft mit auf den Lebensweg. Er sagt:

> »Sucht den Lebendigen, solange ihr lebt, sonst könntet ihr sterben und dann versuchen, den Lebendigen zu finden, und ihr werdet nicht fähig sein, zu sehen.«[90]

Jenes »DAS«, auf welches Yama immer wieder verweist, ist natürlich nicht der feinstoffliche Körper, sondern das Licht in dessen Zentrum: unser Selbst. Auch der Linga verdankt Atman seine Existenz. Nicht einen kurzen Moment lang könnte er ohne die Essenz überleben.

Es genügt also nicht, sich vom grobstofflichen Körper zu lösen, um Kaivalya zu erfahren, die vollständige spirituelle Losgelöstheit, die man auch *Moksha*, Befreiung, nennt. Der Prozess des Loslassens hört auch nach Beendigung des physischen Lebens nicht auf. Und bevor wir nicht *alles* losgelassen haben, was wir nicht in Wahrheit sind, begibt sich der Linga immer wieder erneut in ein physisches Sein.

YAMA

5 Kein Sterblicher lebt von Prana oder Apana. Die Menschen werden belebt von etwas anderem, von welchem diese beiden abhängig sind.

Prana und Apana, die aufwärts und abwärts strebenden Kräfte unserer Lebensenergie, wirken nicht aus eigener Kraft. Im Grunde sind sie es gar nicht, die den Körper beleben, jedenfalls nicht direkt, sondern das Bewusstsein, von dem sie getragen werden.

Im Modell der Koshas haben wir gesehen, dass der Energiekörper zwischen physischem Körper und innerem Raum liegt und so als Brücke zwischen Körper und Geist fungiert. Das Feinstofflichere (Geist) geht in der Hierarchie des Seins dem Grobstofflicheren

(Lebensenergie und Materie) voraus. Letzteres entwickelt sich also aus Ersterem.

Die Vayus oder »Winde«, die verschiedenen Aspekte von Prana in uns, das sagt auch die Sankhya Karika sehr klar, werden von Manas, Ahamkara und Buddhi gestützt, also von unserem individuellen Geist.[91] Und dieser wiederum wird getragen und belebt von Atman. Die Kraft kommt aus dem Geist, von nirgendwo sonst. Letztlich kommt alle Kraft allein aus Brahman. Das ist vor dem Hintergrund des Gesagten offensichtlich.

YAMA

6 Lieber Gautama, nun will ich dir das Geheimnis des ewigen Brahman erklären und dazu auch, was dem Selbst nach dem Tod eines Menschen widerfährt.

7 Ihrem Wirken und Wissen entsprechend gehen manche Jivas in einen Schoß ein, andere in unbewegliche Wesen.

Die spirituellen Schriften Indiens gehen ganz selbstverständlich von der Idee der Reinkarnation aus. Yama erklärt, dass manche *Jivas* oder »Seelen« – alle Hüllen außer dem physischen Körper – nach ihrem körperlichen Tod in eine *Yoni* oder Gebärmutter eingehen, also als Mensch oder Tier wiedergeboren werden. Andere gehen über in einen unbeweglichen Zustand, *Sthanu.* Das sind Lebewesen, die sich nicht fortbewegen können, also Pflanzen. Auf welche Weise wir nun reinkarnieren, ist, so Yama, abhängig von den Handlungen während unserer Lebenszeit und unserem mentalen Zustand, mit anderen Worten, vom Grad des persönlichen Wachstums, den wir erreicht haben.

Die Idee der Reinkarnation ist nichts spezifisch Indisches. Auch im ursprünglichen Christentum war sie bekannt und ebenso bei den alten Griechen. Der Philosoph Empedokles, der um 500 vor Christi Geburt lebte, beschäftigte sich beispielsweise intensiv mit dem Thema Reinkarnation. Für ihn spielt die Ethik in diesem Kontext eine zentrale Rolle. Wie das Yogasutra betont auch Empedokles besonders die Gewaltlosigkeit. Wir dürfen nie vergessen, dass wir ernten, was wir säen. Unser Denken, Sprechen und Tun entscheidet hier und heute über unser künftiges Sein. Empedokles sagt:

> »Denn ich wurde bereits einmal
> Knabe, Mädchen, Pflanze,
> Vogel und flutentauchender,
> stummer Fisch.«[92]

Hinter alldem steckt die Vorstellung, dass das Leben eine Vorbereitung auf den Tod beziehungsweise auf unsere nächste Existenz ist. Ganz in diesem Sinne belehrt auch Krishna seinen Schüler Arjuna. Mit jedem Wort der Bhagavad Gita versucht er ihn zu motivieren, seine Kraft dem seelischen Wachstum zu widmen. Einmal fragt ihn Arjuna, von der Befürchtung geplagt, dass er in diesem Leben das höchste Ziel, die Selbsterkenntnis, nicht mehr erlangen könne, ob dann alle Mühen vergebens gewesen seien? Krishna gibt eine tröstende Antwort, die im Kern besagt, dass nichts, was wir tun, keine Bemühung auf dem Weg, jemals verloren gehen kann:

»Mache dir keine Sorgen, Arjuna! Wer den Pfad des Yoga beschritten hat, kann nicht zerstört werden, nicht in dieser Welt, noch in der nächsten. (…) Wer den Pfad des Yoga betritt und stirbt, bevor er sein höchstes Ziel erreicht hat, kommt in den Himmel der Gerechten. Er lebt dort lange Zeit und wird dann wieder in diese Welt geboren: In ein Zuhause, das rein und wohlhabend ist, damit er seine Suche fortsetzen kann. Oder er wird in eine Familie weiser Yogis wiedergeboren. Solch eine Geburt ist auf dieser Welt in der Tat eine Seltenheit. In dieser Umgebung, Arjuna, findet er bald wieder das Wissen, das er in früheren Leben erlangt hat, und strebt umso ernsthafter nach Verwirklichung. Trotz seiner Versäumnisse also wird er von der Kraft seiner früheren Praktiken geleitet werden.«[93]

Samasara, der Kreislauf aus Geburt, Lebenszeit, Tod und Wiedergeburt, ist ein *Lernprozess.* Das bringt Krishna hier sehr klar zum Ausdruck, und es bedeutet, dass wir uns auf diesem Weg immer weiterentwickeln, von Leben zu Leben. Eine »Rückentwicklung« – die Reinkarnation einer menschlichen Seele als Tier oder Pflanze, von der Yama ja auch spricht – ist sicher nicht die wahrscheinlichste Möglichkeit, aber auch nicht ausgeschlossen. Der lange Weg nach Hause mag sich über viele tausend Inkarnationen hinziehen. Da kann es wohl Phasen der Stagnation geben oder auch Zeiten, die wir als einfachere Lebensformen verbringen. (Wenn ich hier von »einfacher« spreche, dann meint das nur den Grad der biologischen Komplexität, soll aber nichts über den inhärenten Wert von Lebewesen aussagen. Vergessen wir nicht: Atman oder Brahman wohnt in allem, was lebt. Und alles kann fühlen und leiden!)

Der Weg als Ganzes ist aber letztlich ein Weg nach vorn und in einem fundamentalen Sinne zugleich ein Weg zurück, zurück zur Quelle, aus der wir kommen; ein Erinnern an unser wahres Sein, bereichert um die unzähligen Erfahrungen, die wir machen durften. Dabei sind es, so ungern wir das auch hören mögen, vor allem die schmerzhaften Erfahrungen, aus denen wir besonders viel lernen und an denen wir reifen und wachsen. Lassen wir nochmals Elisabeth Kübler-Ross zu Wort kommen:

»Die meisten Menschen sehen all ihre schweren Lebensbedingungen, ihr Geprüftwerden, ihre Drangsale, ihre Schrecknisse und alle Verluste als einen Fluch an, als eine Strafe Gottes, als etwas Negatives. Wenn man doch nur begreifen würde, dass nichts, was einem begegnet, negativ ist, ich betone, ganz und gar nichts! Alle Schicksalsschläge, Leidenserfahrungen und selbst die größten Verluste, die man durchzumachen hat (...) – alles sind Geschenke. Wir können unser Schicksalsweh und Leid mit dem Schmieden des glühenden Eisens vergleichen. *Es ist eine Gelegenheit, die einem gegeben wird, um seelisch zu wachsen. Dies ist der alleinige Grund unserer Existenz auf Erden.*«[94]

YAMA

8 Purusha ist auch im Schlaf wach und erschafft die Objekte, zu denen es unsere Sinne hinzieht. Er ist rein, er ist Brahman, der Unsterbliche. Er trägt alle Welten. Niemand geht über ihn hinaus. Er ist in Wahrheit DAS.

Wenn wir einschlafen, schlafen zwar unsere physischen Sinnesorgane ein, nicht aber unsere Fähigkeit wahrzunehmen, was in unserem inneren Raum geschieht. Unsere Träume sind lebendig und bunt. Oftmals machen wir im Traum zutiefst sinnliche Erfahrungen. Im Tiefschlaf dann versiegen alle Wahrnehmungen. Wir lassen alles hinter uns und sinken in die Leere, in ein erholsames Nichts, in dem wir frei sind von unserem Körper, unseren Gedanken und Gefühlen, von allen Geschichten und Erinnerungen. Aber einer ist immer da, ob wir wachen, träumen oder traumlos tief schlafen: Purusha, unser inneres Licht. Ginge Purusha, so bedeutete dies unseren physischen Tod, denn wir *sind* Purusha, ob wir nun in einem Körper wohnen oder nicht. Und Purusha ist eins mit dem Höchsten, nie getrennt von Gott. Er trägt uns in jedem Moment unseres Seins.

YAMA

9 Wie das Feuer, das, nachdem es in die Welt gekommen ist, unterschiedliche Formen annimmt, entsprechend den Objekten, die es verbrennt, so ist es auch mit dem Selbst, das in allen Wesen wohnt. Obwohl es eins ist, nimmt es die Form der Wesen an, in die es eingeht. Und es existiert auch außerhalb von ihnen.

10 Wie die Luft, die, nachdem sie in die Welt gekommen ist, entsprechend der unterschiedlichen Gestalt der Dinge, verschiedene Formen annimmt, obgleich sie doch eins ist, so ist es auch mit dem Selbst, das in allen Wesen wohnt, in die es eingeht. Und es existiert auch außerhalb von ihnen.

Die Mahabhutas oder Elemente – Yama erwähnt hier das Feuer und die Luft, aber auch den Raum, das Wasser und die weiche Erde hätte er nennen können – nehmen zahllose Formen an, je nachdem, wo sie aktiv sind und womit sie sich verbinden. Immer wieder strukturieren die Elemente sich neu, erhalten eine Zeit lang ihre Gestalt aufrecht und gehen dann wieder in die Auflösung, desintegrieren. Das nennen wir dann Tod.

Unser Selbst, erklärt Yama in dieser Analogie, verbindet sich mit den aus den Elementen gebildeten Körpern der Wesen, seien dies nun Pflanzen, Tiere oder Menschen, und nimmt ihre Form an. Doch Atman bleibt immer Atman wie die Luft oder das Feuer. Sie sind *eka*, eins. Luft ist Luft und Wasser ist Wasser, wann, wo und in welcher Form wir sie auch antreffen. Es gibt nicht zwei, drei oder mehr davon. Es ist *ein* Element, das in vielen Formen und Gestalten auftritt. Atman ist der Funken des einen Brahman, der in allen Herzen wohnt. Die Taittiriya-Upanishad sagt:

> »In den Herzen aller Wesen liegt ein heller Raum. Darin lebt Purusha – bewusst, unsterblich, strahlend. Man kann ihn erkennen und ehren durch Meditation und Erkenntnis.«[95]

YAMA

11 So wie die Sonne – das Auge des Weltalls – nicht beeinträchtigt wird durch den Makel der Augen der Wesen oder die äußeren Dinge, die sie offenbart, so ist es auch mit dem Selbst, das in allen Wesen wohnt. Es ist nicht betroffen vom Elend der Welt. Es geht über sie hinaus.

Unser inneres Licht reinen Gewahrseins ist nur ein Zuschauer, ein Beobachter, sagt Yama. So wie wir einen Film im Kino anschauen und uns mit der Handlung und den Personen identifizieren, sieht das Selbst den Film über das Leben eines jeden Wesens, in das es eingeht. Die Erfahrungen, die wir machen, mögen uns als Person zwar berühren, erfreuen oder wehtun; sie mögen nur wenig Wirkung haben oder so intensiv sein, dass sie unsere Persönlichkeit sogar verändern. Doch das uns innewohnende Gewahrsein, sagt Yama, ist davon nicht betroffen, ebenso wenig wie die Sonne davon betroffen ist, dass unsere Augen begrenzt sind und nicht alles perfekt abbilden können, worauf ihr Licht fällt. Der »Seher«, so nennt Patanjali unser Gewahrsein, »ist die bloße Kraft des Sehens. Obgleich er die mentalen Inhalte sieht, bleibt er selbst ganz unberührt.«[96]

Weil gerade das Wort *Person* gefallen ist, sei daran erinnert, dass es vom lateinischen *persona* kommt, das »Maske« bedeutet. Unsere Maske verändert sich permanent, ganz in Abhängigkeit davon, welche Rolle wir gerade spielen oder wie alt wir sind. Dreijährige Kinder sind völlig andere Personen als Achtzehnjährige. Wenn wir einmal neunzig Jahre alt geworden sind, können wir uns fragen: Wann starb das Kind, das wir einmal waren? Wann haben wir unsere Jugend verloren? Wann ist welche Maske gefallen? Im Kern sind wir nicht maskenhaft und verkleidet, sondern rein und unverstellt.

YAMA

12 Das Selbst in allen Wesen ist eines, und dennoch beherrscht es alles. Aus seiner Einheit fließt die Vielgestaltigkeit der Formen. Unendliches Glück widerfährt dem Weisen, der das Selbst in sich erkennt, keinem anderen.

13 Das Selbst ist das Ewige im Vergänglichen, die einzig bewusste Wesenheit in den bewussten Wesen, allein in der Lage, die Wünsche der Vielen zu erfüllen. Unendliches Glück widerfährt dem Weisen, der das Selbst in sich erkennt, keinem anderen.

Das Selbst in allen Wesen geht ein in die »Welt der zehntausend Dinge«, wie die Philosophie des Taoismus die Welt des Geschaffenen nennt. Dennoch bleibt es ewig eins, unvergänglich und niemals gespalten. Dieses innere Licht, wir teilen es mit allen Wesen. Es verbindet uns alle. Nichts trennt die Wesen, außer ihrer Illusion der Trennung. Ich bin hier, du bist dort, bist Nicht-Ich. Das Ego schneidet uns ab vom Ozean der Einheit, aus dem wir ausgeflossen sind. Diese Trennung trennt uns auch von der Liebe. Das *Tao Te King* sagt deshalb: »Aus der Erfahrung der Einheit erwächst universelle Liebe.«[97] Nur wer dies erfährt, sagt Yama, kann unbegrenztes und ewiges Glück erlangen, spirituelles Glück. Jedes sonstige Glück, also das weltliche, so schön es auch sein mag, muss seiner Natur entsprechend begrenzt bleiben.

Nach vergänglichem Glück, das stets erneuert sein will, eine Vergänglichkeit, deren Schmerz wiederum der Brennstoff ist, der uns stets zu neuem Handeln, zu neuen Kämpfen antreibt, zur Suche nach immer wieder neuem Glück – nach solchem Glück steht Nachiketa der Sinn nicht mehr. Er will alles. Immer. Ewig. Unbegrenzt.

YAMA

14 Die Weisen erkennen dies Glück als »Dies ist DAS«. Doch wie kann ich DAS verwirklichen? Strahlt es aus sich selbst heraus? Oder reflektiert es nur den Glanz von etwas anderem?

15 Dort scheint die Sonne nicht und auch kein Mond. Auch keine Sterne strahlen dort und keine Blitze, vom Feuer ganz zu schweigen. DAS allein leuchtet. Alles wird erhellt durch SEIN Licht.

Das Licht in unseren Herzen ist *dies. Dies* ist eins mit dem Höchsten, dem unsagbaren DAS. DAS ist überall und alles. Auch du bist DAS.

Hier endet das zweite Kapitel des zweiten Teils der Katha-Upanishad.

TEIL II

3. Kapitel

Ich sehe dich –
ohne Anfang, Mitte und Ende,
unendlich in Deiner Macht.

Arjunas Vision der kosmischen Form Gottes[98]

YAMA

1 Dies ist Ashvattha, der anfangslose Banyanbaum. Seine Wurzeln strecken sich nach oben, und seine Äste reichen nach unten. Die Wurzel ist Brahman, rein und unsterblich. Alle Welten stützen sich darauf, und niemand kann darüber hinausgelangen. Dies ist in Wahrheit DAS.

Der Banyanbaum trägt Feigen. Und der Feigenbaum gilt in Indien schon seit alters her als spirituelles Symbol. Buddha hatte sein Erleuchtungserlebnis unter einem solchen Baum, der fortan Bodhibaum genannt wurde: Baum des Erwachens. Ashvattha, die Banyan-Feige, steht in dieser Metapher für die manifeste Welt *und* für die Ebene der Transzendenz, mit anderen Worten, für das ganze Sein – materiell, feinstofflich, spirituell. Die manifeste Welt schließt auch unseren individuellen Geist und die feinstofflichen Regionen mit ein, mögen sie nun »himmlisch« oder »höllisch« sein.

Yama stellt den Feigenbaum auf den Kopf und sagt, dass alle *Lokas* oder Welten – die Erde, der Kosmos, alle Universen und alle feinstofflichen Regionen – aus der Transzendenz belebt und genährt werden. Wir mögen auf der Erde stehen, ihre Luft atmen und uns von ihren Früchten ernähren. Doch die Kraft *in* dieser Welt, die alles das ermöglicht, ist eben nicht *von* dieser Welt.

Ashvattha ist anfangslos, sagt Yama. Das Rad von Entstehung, Entfaltung und Auflösung des Kosmos dreht sich ewig. Man nennt ihn daher auch *Samsara-Vriksha,* den Baum des Kreislaufs von

Geburt, Leben, Tod und Wiedergeburt. Wer dieses Rad verlässt, um sich mit Brahman zu verbinden, ist am Ziel seiner Reise angelangt. Ein Darüberhinausgehen ist nicht möglich. Was noch könnte jenseits des Höchsten liegen? Weil Ashvattha in diesem Höchsten wurzelt, heißt er auch *Brahma-Vriksha,* der Baum des Schöpfers.

Auch in der Bhagavad Gita ist von Ashvattha die Rede. Seine Äste, sagt Krishna, reichen hinein in die Welt des Menschen. Und seine Knospen symbolisieren den Geist und die Sinne, die nicht loslassen wollen, jene Sinne, die so sehr begehren und uns immer wieder inkarnieren lassen, bis wir verstehen, dass wir schon immer ein Kind des Himmels waren, das sich nach den langen Lehrjahren in der Schule der Dualität daran erinnert, woher es gekommen ist, das Kind, das endlich nach Hause gehen will.

Der Weg führt über den Stamm Ashvatthas, der für die feinstofflichen Welten und Körper steht[99], in denen wir uns bewegen werden, wenn wir einst unseren Körper verlassen haben. Auch die feinstofflichen Regionen, das Astrale, ja sogar die Himmel darin, alles das müssen wir loslassen, wenn wir heimkehren wollen in den grenzenlosen, uranfänglichen Ozean des Seins. Krishna drängt deshalb Arjuna, die Äste des Feigenbaumes entschlossen zu durchschlagen und alles Greifen in der Welt aufzugeben, um sich mit Purusha zu verbinden.

»Die Weisen sprechen von Asvattha, dem ewigen Baum der Welt. Seine Wurzeln sind oben, und die Äste reichen nach unten. Seine Blätter sind die Veden. Wer ihn kennt, kennt den Veda. Nach unten und oben breitet er seine Äste aus, genährt von den Gunas, mit Sinnesobjekten als Knospen. Auch nach unten reichen seine Wurzeln, in die Welt des Menschen hinein. Ihnen entspringen die Handlungen.

Man kann ihn hier auf Erden nicht sehen, nicht sein Ende, nicht Anfang noch Ursprung. Hau mit der Axt des Loslassens den fest verwurzelten Asvattha entzwei. Dann suche den Zustand, von dem es kein Zurück mehr gibt. Sage: ›Ich suche Zuflucht in Purusha, jenem uranfänglichen Sein, aus dem die ewige Energie strömt, die alle kosmischen Prozesse antreibt.‹«[100]

YAMA

2 Das ganze Weltall schwingt. Es ist aus Prana, Brahmans Kraft, geboren. Brahman ist schrecklich wie ein Vajra, der zum Schlag ausholt. Wer Brahman erkennt, erlangt Unsterblichkeit.

3 Aus Ehrfurcht vor Brahman brennt Agni, das Feuer. Aus Ehrfurcht vor Ihm scheint Surya, die Sonne. Indra, Vayu und schließlich auch der Tod – sie alle eilen, ihre Aufgaben zu erfüllen.

Yama spielt wieder mit der Idee der Energie. Das ganze Weltall ist ein energetischer Ausdruck Brahmans. Alles ist Prana, alles vibriert. Wir können Brahman zwar nicht direkt sehen, doch seine Kraft erkennen. Die Bewegung der Galaxien, Sonnen und Planeten, das Fließen der Flüsse, die Stärke des Windes, die Hitze des Feuers, die Gewalt der Gezeiten, alles Leben auf der Erde – wohin wir unseren Blick richten, überall sehen, hören, spüren wir die Kraft des Höchsten.

Diese Kraft ist unbegrenzt. Daher sagt Yama, Brahman sei ein *Mahat-Bhayam,* ein »großer Schrecken«. Das mag uns beim ersten Hinsehen irritieren. Gott, das Höchste, soll schrecklich sein? Doch gemeint ist nicht etwa das Böse, sondern die schiere Macht und Größe, der nichts und niemand zu entrinnen vermag, auch nicht die größten Kräfte des Universums. Nicht einmal der Tod kann gegen Brahman aufstehen. Auch Yama ist nur sein getreuer Diener. Alles folgt Brahman in großer Ehrerbietung.

Die Idee des Schreckens transportiert eine weitere Botschaft: Alles ist ein Teil des Seins, auch das, was wir »böse« nennen. Gott kann nicht nur »gut« sein. Die Polarität der Dinge gehört zu den Spielregeln, die in Ashvatthas Astwerk gelten. Brahman aber geht über beides hinaus. Nicht groß, nicht klein, nicht gut, nicht böse. Nur unendliches Sein, ewiges, sich selbst aus sich selbst hervorbringendes, reines Bewusstsein.

YAMA

4 Wem es gelingt, Brahman zu erkennen, noch bevor sein Körper sich auflöst, erlangt Befreiung. Wenn nicht, inkarniert er wieder hier oder in einer der anderen Welten.

Spirituelle Schriften präsentieren uns keine »Facts« im herkömmlichen Sinne. Es geht ihnen nicht darum, in jedem Satz neues Wissen zu vermitteln. Sie sind auch nicht zu verstehen, wenn wir sie als »Spiegelstrichliste« begreifen wollen. Sie sind holografisch, wiederholen sich und variieren die immer gleichen Ideen auf immer neue Weise. Ihre Botschaft soll *einsinken* in unseren Geist. Es geht nicht um schnellen Wissenskonsum und immer neues Futter für unseren mentalen Datenspeicher. Spirituelle Schriften wollen uns vielmehr anregen, motivieren, inspirieren … an uns selbst erinnern …

Immer wieder erinnert Yama seinen Schüler Nachiketa daran: Brahman zu erkennen bedeutet, zur Quelle des Seins zurückzukehren – hier und jetzt, noch in diesem Leben. Wenn uns dies nicht gelingt, verbleiben wir im Kreislauf der Existenzen. Immer wieder neu erfahren wir die Dichte der physischen Welt oder anderer Regionen, wo Freud und Leid zu *Lila*, dem Spiel des Lebens, gehören.

Ein anderes Wort für Lila ist *Maya.* Maya ist Brahmans Macht, sich als die Welt zu verkleiden, in der wir leben, eine *Grand Illusion* des Seins. Doch die Verkleidung kann weggenommen, das Höchste in Meditation erfahren werden: »Du erkennst dich als eins mit Brahman. Und du siehst, dass dein Selbst das Selbst eines jeden und von allem ist. Mit anderen Worten: Du bist eins mit allem.«[101]

YAMA

5 Wie die Reflexion in einem klaren Spiegel zeigt sich das Selbst in einem klaren Geist. In der Welt der Ahnen sieht man das Selbst wie in einem Traum. In der Welt der Gandharvas erscheint es wie eine Spiegelung auf dem Wasser. Doch in der Welt von Brahma zeigt es sich klar wie Licht und Schatten.

Die *Gandharvas* sind Gottheiten des Hindu-Pantheons. Zwölf sollen es sein, ein himmlisches Orchester. Sie sind Musiker, die bei Yama, Varuna oder Kubera spielen, an den Königshöfen der großen Götter. Gandharva ist aber auch ein Wort für *Soma*, den himmlischen Nektar der Unsterblichkeit, den wir im Abendland als *Ambrosia* kennen.

Atman zeigt sich in den Welten, die wir nach dem Tod betreten, sagt Yama, seien dies nun jene Reiche, wo die Musiker des Himmels spielen, oder die, wo wir unseren Ahnen begegnen. Ein wenig erinnert das an die zahllosen Beschreibungen von Menschen, die Nahtod-Erfahrungen gemacht haben, in denen sie ihren Körper verließen, einen Tunnel, einen Durchgang oder eine Brücke überquerten, wunderbare Musik hörten und ihre geliebten Angehörigen trafen.

Das Selbst zeigt sich in den feinstofflichen Reichen jedoch nicht in voller Klarheit, sondern nur diffus, »wie in einem Traum« oder

»wie eine Spiegelung auf dem Wasser«, wie Yama sagt. Dort Selbstverwirklichung zu erlangen ist schwierig. Die feinstofflichen Regionen, auch die himmlischen, sind nicht das Ende der Entwicklung, bedeuten nicht Selbsterkenntnis und Erlösung, sondern bieten nur eine vorübergehende Rast, bevor wir uns in eine andere Existenz in der Dualität begeben.

Doch hier und jetzt, noch in diesem Leben, kann Atman in völliger Klarheit in einem gereinigten Geist aufscheinen. Buddhi wird dann zum Spiegel, in dem Gott sein eigenes Antlitz schaut. Bewusstsein erfährt sich selbst als Bewusstsein, als das unsterbliche Medium, das allem zusieht, was geschieht. Die Geburt als menschliches Wesen wird in der spirituellen Philosophie Indiens hochgeschätzt, weil sie die Möglichkeit birgt, die Schriften zu studieren, den Geist zu reinigen und das Selbst zu erkennen. Im Viveka-Chudamani, dem »Kronjuwel der Unterscheidung« von Shankara, heißt es gleich zu Anfang:

> »Es ist schwierig für ein Lebewesen, eine menschliche Geburt zu erlangen; ein starker Körper und Wille sind noch schwieriger zu erreichen; Reinheit noch schwieriger; schwieriger noch als diese der Wunsch, ein spirituelles Leben zu führen; und ein Verständnis der Schriften ist am allerschwierigsten von allem zu erlangen.«[102]

Dass dieser Weg zu unserem spirituellen Zuhause alles andere als eine schnelle Angelegenheit ist, macht Shankara übrigens ebenfalls sehr deutlich, wenn er sagt, dass die direkte Wahrnehmung von Atman und die dauernde Vereinigung mit Brahman »nicht erlangt werden, außer durch die Verdienste von einhundert Milliarden gut gelebter Inkarnationen«.[103] Einhundert Milliarden Inkarnationen – ein wahrlich ambitioniertes Unterfangen! Wir müssen das, so meine ich, nicht wörtlich nehmen, Shankara meint einfach *sehr viele* Leben.

In Brahmaloka, der Wohnstatt des Höchsten, ist das Selbst nicht mehr nur diffus wahrnehmbar wie in den feinstofflichen Regionen. Hier ist Atman von Anatman so scharf unterschieden wie Licht von Schatten. Zu Hause sind wir allwissend und allumfassend.

Dieses Leben auf der Erde, nicht der Himmel danach, ist also die Pforte zur Selbsterkenntnis und das Tor zur Erlösung. Es ist deshalb unendlich kostbar und gibt uns viele Gelegenheiten zu wachsen, zu lernen, vor allem aber, Liebe zu erfahren und zu geben, die wichtigste Lektion des Seins. Diese Liebe geht in drei Richtungen, damit sie ganz ist: zu uns selbst, zu unseren Nächsten und zu Gott. Die Erfahrungen auf der Erde sind das Werkzeug der Schöpfung, das uns zur Befreiung führt. Wegen dieser Privilegiertheit des Menschen, so meine ich, sagte der Mystiker Hafiz mit erotischem Unterton:

»Es gibt Momente feuchter Liebe,
da ist der Himmel eifersüchtig auf das,
was wir auf der Erde tun können.«[104]

YAMA

6 Wer verstanden hat, dass die Sinne sowie ihr Kommen und Gehen ihren eigenen Ursprung haben und sich von Atman unterscheiden, wird keine Traurigkeit mehr erfahren.

Das Kommen und Gehen der Sinne bezieht sich auf die Bewusstseinszustände von Wachen, Träumen und Schlafen. Wenn wir wach sind oder träumen, sind auch die Indriyas aktiv, die fünf Fähigkeiten, wahrzunehmen und zu handeln. Im traumlosen Tiefschlaf legen wir dann unsere Maske ab. Das Ich »stirbt«, und mit ihm gehen die Sinne. Wenn die Tiefschlafphase endet, tauchen das Ich und unsere Sinne wieder auf. Sinne und individueller Geist, will Yama sagen, sind Anatman, nicht aber unser inneres Licht. Sie sind das »Fenster«, durch das Atman in die innere und äußere Welt blickt. Im Tiefschlaf schaut Atman allein in die Tiefe des Nichts. Dies ist ein Zustand erholsamer Glückseligkeit, deren Erfahrung wir verdanken, dass wir morgens frisch und ausgeruht wieder aufwachen.

Die Botschaft Yamas ist klar. Wieder geht es um Viveka, die rechte Unterscheidung zwischen Ewigkeit und Vergänglichkeit, Prakriti und Purusha, Anatman und Atman, Maya und Wirklichkeit. Wer bin ich in Wahrheit? Nicht Geist, nicht Sinne und schon gar nicht der Körper, sondern »Brahman, unendliche Glückseligkeit«.[105]

YAMA

7 Jenseits der Sinne ist Manas. Jenseits von Manas ist Buddhi. Jenseits von Buddhi ist Mahat. Jenseits von Mahat ist Avyakta, das Nichtmanifeste.

8 Doch jenseits noch von Avyakta ist Purusha, alles durchflutend und nicht wahrnehmbar. Wer Purusha erkannt hat, erlangt Befreiung und wird unsterblich.

9 Seine Gestalt übersteigt die Möglichkeiten des Sehens. Niemand kann das Selbst mit den Augen sehen. Mit einem reinen Geist, frei von Zweifeln und in regelmäßiger Meditation kann man es im Inneren des Herzens erkennen. Wer es erkennt, wird unsterblich.

Yama kommt nochmals auf die Hierarchie des Seins zu sprechen und wiederholt die Entwicklungskette der Schöpfung, wie auch die Sankhya-Philosophie sie skizziert, vom relativ Groben und Dichten hin zum immer Feineren. Jenseits der Aspekte unseres Geistes liegt Mahat, die Ebene, die auch Hiranyagarbha genannt wird, das kosmische Ei, das geboren wird aus dem Zusammenspiel von Purusha (Brahman) und Avyakta (Prakriti). Reines Bewusstsein und Energie stehen am transzendentalen Anfang des Seins. Ihr Spiel setzt die Welt in Gang.

Purusha, Brahmans Funke in uns, ist nicht sichtbar oder greifbar. Es ist die Meditation, die uns diese Erfahrung schenken kann. Das sagt uns nicht nur Yama. Auch im Yogasutra lesen wir, dass die Übung der Meditation unseren Geist zurückführt zu der Quelle, der er entspringt. Damit endet jeder Konflikt, jeder Schmerz und alles Leid.[106]

YAMA

10 Wenn die fünf Sinne und Manas zur Ruhe kommen und wenn auch in Buddhi keine Bewegung mehr ist – dies, so sagen die Weisen, ist der höchste Bewusstseinszustand.

11 Die Sinne in dieser Weise zu kontrollieren wird Yoga genannt. Man muss achtsam sein, denn der Zustand des Yoga ist schwer zu erlangen, doch leicht wieder zu verlieren.

Diese beiden Verse definieren den Bewusstseinszustand des Yoga. Jahrhunderte nach Abfassung der Katha-Upanishad findet sich die inhaltlich gleiche Aussage im Yogasutra, wo es heißt, dass Yoga »das Zur-Ruhe-Kommen der dauernd sich verändernden mentalen Muster« ist.[107] Sind wir nicht in diesem Zustand, sondern im

»Unerleuchtetsein« des Alltags, dann identifizieren wir uns mit Körper, Geist und Sinnen, nicht ahnend, dass diese »ihren eigenen Ursprung« haben, wie Yama sagt. Sie sind Anatman. Doch wir sind Atman.

Es ist ein Gang auf Messers Schneide. Nur allzu leicht verlieren wir die Bewusstheit für unser Verbundensein mit Gott und dem Ganzen der Schöpfung. Meditative Gipfelerlebnisse können wir nicht festhalten. Selbst aus dem tiefsten Samadhi müssen die Meister wieder auftauchen. Und vollständige Achtsamkeit zu leben ist sehr schwer.

Deshalb ist eine regelmäßige Meditationspraxis (worin sie auch bestehen mag, Yoga ist in dieser Hinsicht ganz und gar undogmatisch) ein so hilfreiches Werkzeug. Wir üben Präsenz, schulen unseren Geist, kommen ins Hier und Jetzt und lernen, bei uns zu sein. Yoga kennt zahllose Meditationsformen. Viel größer wird das Feld, wenn wir uns auch die Methoden anderer spiritueller Traditionen anschauen. Doch für welche Methode wir uns auch entscheiden, jede, sagt Patanjali sehr klar, kann uns ans Ziel bringen.[108]

YAMA

12 Atman kann nicht durch Sprechen erlangt werden, nicht durch das Schauen mit dem Auge und auch nicht durch Denken. Wie aber kann man das Selbst auf andere Weise erkennen als durch die Bekräftigung jener, die es erfahren haben und sagen, »es existiert«?

Nicht mit unseren Sinnen können wir das innere Licht entdecken und auch nicht mit dem Denken. Uns allein darauf zu verlassen, dass schon wahr ist, was andere sagen, die behaupten, Atman in sich entdeckt zu haben, will nicht recht befriedigen. Yama legt in den letzten Versen der Katha den WEG dar, den wir *selber gehen müssen,* um zu unserer spirituellen Essenz zu gelangen, den Weg des Mystikers:

YAMA
13 Das Selbst muss zuerst als existierend begriffen werden, danach in seinem Wesen. Wer das Selbst als existent begreift, dem offenbart sich auch sein Wesen.

Damit wir uns entschließen, unser inneres Licht zu suchen und einer regelmäßigen Yoga-, Selbsterforschungs- und Meditationspraxis nachzugehen, braucht es etwas Wichtiges: Vorvertrauen. Warum sollten wir uns bemühen, etwas zu finden, wenn wir es nicht zumindest für möglich und auch lohnenswert hielten zu entdecken, wovon die Weisen uns seit Jahrtausenden berichten?

Dass das Selbst existiert – das, so Yama, sollten wir als reale Möglichkeit anerkennen, real genug, dass wir Lust haben, uns auf den Weg zu machen. Denn wenn wir es *a priori* für nicht existent halten, werden wir es nicht suchen und also auch nicht finden. Der erste Schritt betrifft also unser »Mindset«. »Es ist möglich!« sollten wir denken. Dann erst kann es auch entdeckt werden.

YAMA
14 Wenn alles Habenwollen, das noch im Herzen wohnt, losgelassen wurde, dann erlangt der Sterbliche die Unsterblichkeit noch in diesem Leben auf der Erde und geht ein in Brahman.

15 Wenn alle Knoten des Herzens gelöst werden, noch während der Mensch auf der Erde lebt, dann wird ein Sterblicher unsterblich. Dies ist die einzige Lehre der Upanishaden.

Vairagya, das Loslassen, steht im Zentrum aller spirituellen Botschaften. Alles müssen wir loslassen. Alles. Sogar unser Leben. Ob wir wollen oder nicht. Als eine einzige Übung im Loslassen könnten wir aus spiritueller Perspektive unsere ganze Existenz beschreiben. Was immer wir anhäufen, wir werden es verlieren.

Das Lösen der *Granthis* oder Knoten im Herzen meint das Loslassen emotionaler Anhaftungen, vor allem jener, die Schmerz verursachen. Jesus nannte das Vergebung. In der Meditation übt man genau das. Meditation ist Vergebung. Vergebung ist Läuterung.

Die Übung des Loslassens oder der Nichtanhaftung ist das methodische Herz aller spirituellen Wege, auch und vor allem in der Philosophie des Sankhya, die nicht nur den Yoga, sondern auch die Lehre Buddhas stark beeinflusst hat. Deshalb möchte ich dir hier eine einfache, doch sehr mächtige Vergebungsmeditation ans Herz legen. Jeder kann sie machen. Sie tut immer gut und reinigt den Herz-Geist.

Setze dich in einer ruhigen Minute in eine angenehme Meditationshaltung. Es spielt keine Rolle, ob du auf dem Boden mit gekreuzten Beinen, auf einem Sitzkissen, im Fersensitz, auf einem Meditationsbänkchen oder einfach nur auf einem Stuhl sitzt. Einzig wichtig ist, dass du *bequem* sitzt. Ein natürlich aufgerichteter Rücken hilft dir, gut und frei zu atmen. Wenn du darauf achtest, dass deine Knie etwas tiefer sind als die Hüften, ist es relativ leicht, den Rücken aufrecht zu halten. Du kannst auch im Liegen meditieren, wenn du dabei nicht einschläfst.

Finde ein wenig zur Ruhe. Bringe deine Wahrnehmung nun zu den Nasenöffnungen und spüre ein paar Atemzüge lang das Ein- und Ausströmen der Atemluft. Nimm den Unterschied zwischen

Ein- und Ausatmung wahr. Beim Einatmen ist die Atemluft kühl, beim Ausatmen ist sie warm. Du beobachtest nur. Du schaust dem Atem zu, wie du den Wellen auf dem Ozean zuschaust, ihrem Kommen und Gehen.

Nun folgt die eigentliche Vergebungsmeditation. Sie ist eine Art inneres Gebet. Du gibst dir innerlich … langsam … Wort … für … Wort … und sehr bewusst diese Botschaft. Natürlich solltest du sie vorher auswendig lernen. Sie stammt aus der buddhistischen Tradition und ist eine Wohltat für unser Herz. Manche Menschen werden davon sehr stark berührt. Wenn Tränen kommen sollten, lasse sie zu. Tränen reinigen:

Im ersten Schritt vergibst du allen Wesen, die dir jemals weh getan haben:

> *Ich vergebe allen Wesen, die mir jemals Schmerz zugefügt haben, sei es bewusst oder nicht, mit Absicht oder ohne, wann und wo auch immer – ich vergebe.*

Sage dir dies innerlich dreimal langsam und achtsam – und meine, was du sagst. Spüre ein wenig nach, horche in dich hinein. Im zweiten Schritt bittest du alle Wesen, denen du Schmerz zugefügt hast, um Vergebung:

> *Ich bitte alle Wesen um Vergebung, denen ich jemals Schmerz zugefügt habe, sei es bewusst oder nicht, mit Absicht oder ohne, wann und wo auch immer – ich bitte um Vergebung.*

Nachdem du diesen Satz dreimal langsam und achtsam wiederholt hast, spürst du ein wenig nach und machst dann den dritten

Schritt: Du vergibst dir selbst. Das ist sehr wichtig. Sich selbst zu vergeben, ist ein Ausdruck von Selbstliebe. Selbstliebe ist das wichtigste Mittel gegen unsere tiefliegenden Ängste. Und sie ist notwendig, damit man Liebe geben kann.

Ich vergebe mir selbst für jeden Schmerz, den ich mir jemals zugefügt habe, sei es bewusst oder nicht, mit Absicht oder ohne, wann und wo auch immer – ich vergebe mir selbst.

Wiederhole den Satz innerlich dreimal und sei dabei wach und achtsam. Mache dann den letzten Schritt der Vergebungsmeditation. Vielleicht gibt es Dinge, die du im Moment noch nicht vergeben willst oder kannst, weil die Zeit einfach noch nicht reif dafür ist. Das ist nicht schlimm, denn alles hat seine Zeit. Du vergibst dir also, dass du vielleicht manches jetzt noch nicht vergeben kannst:

Und wenn es etwas gibt, das ich jetzt noch nicht vergeben kann, weil ich noch nicht so weit bin, dann vergebe ich mir auch das.

Auch diesen Satz wiederholst du dreimal langsam und achtsam. Spüre nach. Was fühlst du?

Zum Abschluss der Meditation atmest du noch ein paarmal ruhig ein und aus und öffnest dann achtsam die Augen.

Große Möglichkeiten der Heilung haben wir, wenn wir uns öffnen und durch uns hindurchfließen lassen, was immer uns erreicht, seien es angenehme oder schmerzliche Erfahrungen. Wer oder was fühlt letztlich den Schmerz? Nur das Ego … das wir nicht sind …

Ganz in diesem Sinne spricht der Mystiker Hafiz über die schmerzhaften Erfahrungen, die er in der Welt macht, über das gehässige Gerede der Menschen. Das Haus, von dem er in den nachfolgenden Zeilen spricht, ist der Körper-Geist-Komplex – *Kaya* und *Chitta,* die Instrumente unserer Erfahrung. Und er berichtet davon, wie wenig unsere weltlichen Erfahrungen angesichts des Wissens um die Unendlichkeit des Seins bedeuten. Alles lässt Hafiz los. Alles löst sich auf. Nichts tut mehr weh …

> »Alle Fenster in meinem Haus hab ich geöffnet. Adler fliegen ein und aus so wie alle Worte, die man über mich spricht. Was auch immer meine Ohren auffangen mögen, sei es aus erster oder zweiter Hand: Ich schenke diesen Nachrichten einen Moment meiner Aufmerksamkeit, dann lasse ich sie sein, was sie sind: nur ein kleiner Dunsthauch, sich auflösend in der Unendlichkeit.«[109]

YAMA

16 Einhunderteins Ströme sind verbunden mit dem Herzen. Einer davon fließt zur Krone des Kopfes. Wenn man ihm folgt, erlangt man die Unsterblichkeit. Folgt man den anderen Strömen, gelangt man zu Ebenen, wo Geburt und Tod existieren.

Das Sanskrit-Wort für Strom oder Fluss heißt *Nadi* und bezeichnet den Fluss der Lebensenergie. Viele tausend davon, sagen die Schriften, gibt es in uns. Sie sind feinstofflich und mit keinem Instrument messbar. Manchmal wird der Begriff etwas irritierend und auch widersprüchlich übersetzt, zum Beispiel mit »Venen« oder »Arterien«, auch der Übersetzung »Nerven« begegnet man immer wieder. Besser trifft es da Juan Mascaro, wenn er die Nadis »feinstoffliche Wege« nennt[110], denn genau das ist gemeint. Nicht um unseren physischen Körper geht es hier. Unsere »Seele« verlässt das grobstoffliche Gefäß gewiss nicht durch Venen, Arterien oder Nerven, sondern über seine feinstofflichen Strukturen, in denen Prana sich bewegt.[111]

Durch Sahasrara, das Kronen-Chakra, rät Yama uns, sollten wir den Körper verlassen … wenn wir einmal sterben … oder aber in Meditation. Dazu, so Yama weiter, folgen wir dem *einen* Strom, der zur Krone fließt. Das ist *Sushumna,* der feinstoffliche Kanal im Zentrum unserer Wirbelsäule.

Das Kronen-Chakra steht für die Wohnstatt des Höchsten, für die Kammer des Bräutigams (Brahman, Shiva, Gott), mit dem sich die Braut (Shakti, Mensch) zum Zeitpunkt des Austritts aus dem Körper vereinen kann. Die anderen Energiezentren führen uns in tiefer gelegene astrale Regionen, nicht ins Reich von Brahman.

YAMA

17 Purusha, das innerste Selbst, hat die Größe eines Daumens und wohnt immer im Herzen der Menschen. Unbeirrbar soll man ihn von seinem Körper trennen, so wie man den weichen Halm vom Munja-Gras löst. Wisse, dies Selbst ist rein und unsterblich. Es ist rein und unsterblich.

Munja (*Saccharum munja*) ist ein Gras, das in Nordindien sehr weit verbreitet ist und bis fünf Meter hoch wird. Alle Teile dieser Pflanze finden Verwendung für ganz unterschiedliche Zwecke, sei es für Abdeckung von Dächern, für Fenster- und Türverkleidungen oder für die Produktion von Saiten. Die feineren Bestandteile des Grases, von denen Yama hier spricht, werden zur Herstellung von Wannen, Körben, Schalen, Tabletts und anderem mehr genutzt.

Das Lösen des weichen Inneren aus der harten äußeren Hülle des Stängels der Munjapflanze nimmt Yama als Bild für die Trennung unseres inneren Lichtes vom Körper-Geist-Komplex. Wir sind nicht der Körper und die vordergründigen Prozesse, die dort ablaufen, nicht die »harte Schale« und ihre Funktionen: Wahrnehmungen, Empfindungen, Gedanken, Gefühle. Nichts davon sind wir, sondern Atman, der Kern der Koshas.

Trennen wir uns nur von der äußersten Hülle, dem physischen Körper, so sind wir immer noch ein vollständiges Wesen, eine Person sogar mit einem eigenen, »zweiten« Körper, der aus allen Koshas besteht bis auf die äußerste Schale. So erleben sich Menschen in der ersten Phase von Nahtod-Erlebnissen oder in außerkörperlichen Erfahrungen, die natürlich auch auftreten können, ohne dass der Tod eintritt. Man kann sie gezielt durch Tiefenentspannung und Meditation herbeiführen. Außerkörperliche Erfahrungen können ein eigener spiritueller Weg sein. Sie lassen uns *wissen*, nicht nur glauben, dass wir unsterblich sind. Was es dazu braucht, ist Entschlossenheit und Übung. Das Verlassen des Körpers, um noch in diesem Leben über die Schwelle des Todes gehen zu können, wie Robert Monroe und andere dies taten – und zwar ohne zu sterben, sondern um nach Belieben wieder zurückzukommen und dabei viel weiter zu gehen, als dies in Nahtod-Erlebnissen möglich ist. Dieses immer wieder neue Sterben, noch während wir leben, dieses Wandern zwischen den Welten, nennt der Autor Julian Johnson den »Weg der Meister.«[112]

Doch selbst wenn wir den materiellen Körper für kurze Zeit verlassen können oder nach dem physischen Tod auch für die unter Umständen sehr lange Zeit bis zur nächsten Reinkarnation, sind wir noch nicht am Kern unseres Wesens, haben wir noch nicht unser inneres Licht erfahren. Um ganz dorthin vorzudringen, so die eigentliche Botschaft des Königs des Todes, müssen wir auch unseren inneren Raum oder individuellen Geist abstreifen, also den Energiekörper (Pranamaya-Kosha), sowie die noch tiefer liegenden mentalen Hüllen, die mit Wahrnehmung, Gefühlen, Denken und intuitiven Prozessen zu tun haben (Manomaya-, Vijnanamaya- und Anandamaya-Kosha).

Wir sind das ewige Licht, das im Zentrum leuchtet; der Funke, der durch alle Hüllen hindurchstrahlt. Dieses Licht teilen wir mit allen Wesen. Darin sind wir alle eins. Atman, Purusha, das Selbst: Ich bin DAS. Du bist DAS. Wir sind DAS.

»Du bist eins mit allem. Wenn du das erkennst, bist du frei.«[113]

18 Nachdem Nachiketa so von Yama belehrt worden war und das Wissen über den Yoga empfangen hatte, war er befreit von jeder Unreinheit und dem Tod und ging in Brahman ein. Jeder, der so sein innerstes Wesen erkennt, wird zu Brahman gelangen.

Am Schluss der Katha finden sich nochmals die gleichen Zeilen, mit denen sie begann: die Anrufung des Höchsten.

OM. Möge der Schöpfer uns alle beschützen und führen. Möge er uns die Kraft geben, Erkenntnis zu erlangen.
Mögen unsere gemeinsamen Studien uns zur Wahrheit führen.
Mögen niemals negative Gefühle zwischen uns sein.
OM – Shanti, Shanti, Shanti

Das »uns beide« aus der Invokation vom Anfang ersetzte ich hier durch »uns alle«. Denn nichts braucht die Erde mehr, als dass wir Menschen, deren gemeinsame Heimat sie doch ist, auch *gemeinsam auf ihr gehen*. Das ist die eigentliche Bedeutung des Wortes »Konkurrenz«, das vom lateinischen *concurrere* kommt: zusammen gehen. Gemeinsam müssen wir gehen, nach Wissen und Erkenntnis streben und uns und alle Mitgeschöpfe achten und wertschätzen.

Mögen wir alle die Wahrheit schauen. Mögen wir Shanti fühlen, Frieden in unseren Herzen. Mögen wir erleben, was Robert Monroe erlebt hat, jener Mann, der seinen Geist vom Körper löste und uns eine wunderbare Beschreibung seiner Einheitserfahrung schenkte – Worte, mit denen ich schließen möchte:

»Jetzt kehre ich zurück … zurück zum Ganzen, wohin ich gehöre. Ich spüre, wie die Strahlung beginnt und immer intensiver wird, je weiter wir kommen … welche Freude, zurückzukehren … Ja, jetzt weiß ich, was ich bin, was ich von Anfang an war, was ich immer sein werde … ein Teil des Ganzen, der rastlose Teil, der zurückkehren will und doch lebt, um sich Ausdruck zu verschaffen durch Tun, Schaffen, Bauen, Schenken, Wachsen, mehr Geben als Nehmen, und der vor allen Dingen danach strebt, dem Ganzen Liebesgaben zurückzubringen … das Paradox von vollkommener Einheit und Fortbestehen als Teil. Ich kenne das Ganze … ich bin das Ganze – selbst als Teil bin ich die Totalität.«[114]

Epilog

Wir alle fallen. Diese Hand da fällt.
Und sieh dir andre an: es ist in allen.
Und doch ist Einer, welcher dieses Fallen
Unendlich sanft in seinen Händen hält.
Aus dem Gedicht »Herbst«

Rainer Maria Rilke

Die Katha-Upanishad

ohne Kommentar

Invokation
OM. Möge der Schöpfer uns beide beschützen und führen. Möge er uns die Kraft geben, Erkenntnis zu erlangen. Mögen unsere gemeinsamen Studien uns zur Wahrheit führen. Mögen niemals negative Gefühle zwischen uns sein. OM – Shanti, Shanti, Shanti.

Teil I ֍ 1. Kapitel

1 Um die Gunst der Götter zu gewinnen, hielt Vajashrava ein Opfer-Ritual ab, in welchem er seinen ganzen Besitz hergeben sollte. Vajashrava hatte einen Sohn mit Namen Nachiketa.

2–3 Obgleich Nachiketa noch jung war, hatte er schon tiefes Vertrauen in die Schriften. Als er sah, welches Opfer sein Vater den Brahmanen brachte – Kühe, die zu schwach waren, um zu trinken, Gras zu fressen, Milch zu geben oder zu kalben –, da dachte er sich, dass es nur eine freudlose Welt sein könne, in die einer kommt, der solche Gaben darbringt.

4 Nachiketa fragte seinen Vater: »Auch ich gehöre dir. Wem wohl wirst du *mich* geben?« Er fragte noch ein zweites und ein drittes Mal. Vajashrava wurde wütend und antwortete: »Dem Tod werde ich dich geben!«

5 Nachiketa dachte sich: »Von den vielen Kindern und Schülern meines Vaters bin ich doch wohl der beste, mindestens aber in

der Mitte. Ganz sicher jedenfalls gehöre ich nicht zu den Schlechtesten. Was bezweckt mein Vater, wenn er mich zum König des Todes schickt?«

6 »Erinnere dich, wie es jenen erging, die vor uns kamen, und wie es jenen ergehen wird, die noch unter uns sind. Wie Getreide reifen die Sterblichen und fallen wieder auf die Erde. Und wie Getreide wachsen sie von Neuem.«

7–8 »Dem Feuer gleich kam ein Brahmane als Gast in dein Haus. Stimme ihn friedlich, Vaivashvata. Gib ihm Wasser und einen Platz zum Ruhen, denn großes Unglück kommt über jene, die einem Brahmanen keine Gastfreundschaft erweisen.«

YAMA

9 Sei gegrüßt, Brahmin! Du bist ein Gast, dem Ehre gebührt und musstest doch drei Nächte ohne Essen in meinem Haus zubringen. Ich will dir deshalb zum Ausgleich drei Wünsche erfüllen, einen für jede Nacht.

NACHIKETA

10 Yama, zuerst wünsche ich mir, dass mein Vater wieder fröhlich ist und sich keine Sorgen mehr macht. Möge er sich auch nicht mehr über mich ärgern und mich wiedererkennen und willkommen heißen, wenn ich zurück nach Hause komme.

YAMA

11 Es ist mein Wille, dass dein Vater dich wiedererkennt. Und er wird dir so zugetan sein wie zuvor. Wenn er sieht, dass du aus den Klauen des Todes befreit bist, wird er auch keinen Ärger mehr verspüren und nachts friedlich schlafen.

NACHIKETA

12 In *Svargaloka*, dem Reich des Himmels, existiert keine Angst, denn du, Yama, bist dort nicht. Niemand an diesem Ort fürchtet sich vor dem Altsein. Frei von Hunger und Durst und jenseits aller Sorgen ist man dort glücklich.

13 Du kennst *Agni*, jenes Feueropfer, das zu *Svarga* führt. Bitte zeig es mir, denn ich habe tiefes Vertrauen. Die Himmelsbewohner sind unsterblich. Dies ist mein zweiter Wunsch.

YAMA

14 Lieber Nachiketa, ja, das Feuerritual, das in den Himmel führt, kenne ich sehr gut. Ich will es dir genau erklären. Hör bitte aufmerksam zu, und sei dir bewusst, dass dieses Feuer ein Mittel ist, die Unsterblichkeit zu erlangen. Es trägt den ganzen Kosmos und liegt verborgen im Herzen der Weisen.

15 Dann erzählte Yama Nachiketa vom Feuer, das der Ursprung der Welten ist, welche Steine und wie viele er für den Altar sammeln, wie er sie aufstellen und wie er das Feuer anzünden musste. Nachiketa wiederholte alles, was er hörte, Wort für Wort. Yama war sehr zufrieden mit ihm.

16 *Mahatma* (Yama) sagte zu Nachiketa: Ich werde dir noch eine weitere Gunst erweisen: Dieses Feuer soll deinen Namen tragen. Und nimm auch diese bunte Kette von mir als Geschenk an.

YAMA

17 Wer das Nachiketa-Ritual dreimal durchgeführt hat, nachdem er sich mit »den dreien« verbunden hat, und wer sich an die drei Pflichten hält, geht über Leben und Tod hinaus. Er wird *Agni,* das aus Brahman geborene Feuer, erkennen, allwissend, strahlend und verehrungswürdig, und vollkommenen Frieden erfahren.

18 Noch bevor er stirbt, wird er die Ketten des Todes ablegen und über das Leid hinausgehen. Er wird Glückseligkeit in Svargaloka erleben und sich als eins mit Virat, dem Schöpfergott, erfahren.
19 Dies also ist das Feuer, Nachiketa, das in den Himmel führt. Es war dein zweiter Wunsch. Die Menschen werden es nach dir benennen. Nun nenne mir deinen dritten Wunsch.

NACHIKETA

20 Es gibt da diese ungeklärte Frage: Wenn man stirbt, so sagen die einen, existieren wir weiter. Andere dagegen behaupten, dem sei nicht so. Was nun ist richtig? – Das will ich wissen. Dies ist mein dritter Wunsch.

YAMA

21 Lieber Nachiketa, was diese Frage anlangt, da hatten sogar die Devas einst ihre Zweifel. Die Natur Atmans ist ein subtiles Thema und nur schwierig zu verstehen. Nenne mir einen anderen Wunsch, Nachiketa. Bitte verlange nicht von mir, dir diese Frage zu beantworten.

NACHIKETA

22 Sogar die Devas also hatten ihre Zweifel im Blick auf diese Frage. Und du sagst auch, dass dies Thema nicht leicht zu verstehen sei. Doch einen anderen Lehrer wie dich kann man nicht finden. Sicher gibt es nichts, das ich mir noch mehr wünschen könnte.

YAMA

23 Wähle dir Söhne und Enkel – sie mögen hundert Jahre alt werden! Bitte um Elefanten, Pferde, Viehherden und Gold. Wünsche dir ein großes Imperium auf Erden und lebe dort, so lange du willst.

24 Wenn dir etwas anderes einfällt, das ebenso gut ist, dann wünsche dir das. Wähle Reichtum und ein langes Leben, Nachiketa, und werde König eines großes Reiches! Erbitte, was immer auch Devas oder Menschen begehren. Ich werde dafür sorgen, dass du all das erfahren kannst.
25 Viele begehrenswerte Dinge gibt es in der Welt, manche davon sind nahezu unerreichbar. Wünsche dir, was du willst: Zum Beispiel *Ramah*, jene wunderschönen Mädchen, die auf Triumphwagen sitzen und Musikinstrumente spielen – Himmelswesen, die jenseits der Reichweite normaler Menschen liegen. Wenn du willst, werde ich dir solche Mädchen geben, und sie werden auf dich warten. Aber bitte, Nachiketa, frage mich nicht nach dem Tod!

NACHIKETA
26 Yama, all diese Freuden sind nur vorübergehend. Und sie verbrauchen zudem die Vitalität der Sinne. Alles Leben ist ausnahmslos kurz. Behalte deine Pferde, Tänze und Lieder für dich!
27 Reichtum macht die Menschen nicht zufrieden. Außerdem: Jetzt, da ich dir begegnet bin, werde ich ohnehin Reichtum erlangen. Und ich werde leben, solange du Macht hast. Das Einzige also, was ich mir noch wünsche, ist das, worum ich dich gebeten habe.
28 Wer auf dieser Erde, der weiß, dass er sterben muss und alle Sinnesfreuden, welcher Art auch immer, enden werden, würde sich freiwillig ein langes Leben wünschen, nachdem er in der Nähe unsterblicher Wesen war, die ihm viel größere Dinge geben können?
29 Yama, bitte erzähle mir vom Höchsten Leben nach dem Tod, über das die Menschen nichts Sicheres wissen. Nichts anderes will ich als dieses Geheimnis!

Teil I 2. Kapitel

YAMA

1 Das Gute und das Angenehme sind zwei verschiedene Dinge. Sie dienen unterschiedlichen Zwecken. Doch letztlich sind beide eine Fessel für *Purusha*, den Menschen, wenn auch in unterschiedlicher Hinsicht. Wer das Gute wählt, tut sich etwas Gutes damit, doch wer das Angenehme wählt, verfehlt das Ziel des Lebens.

2 Gute und angenehme Dinge zeigen sich dem Menschen. Wer weise ist, betrachtet beide genau und unterscheidet. Er gibt dem Guten den Vorzug vor dem Angenehmen. Der Dummkopf dagegen wählt immer das, was ihm angenehm erscheint.

3 Lieber Nachiketa, du hast genau über die Dinge nachgedacht, die angenehm sind oder als solches erscheinen, und dich dafür entschieden, sie loszulassen. Du hast nicht den Weg des Reichtums gewählt, der so viele Menschen ins Unglück stürzt.

4 *Avidya*, spirituelle Blindheit, und *Jnana*, Erkenntnis, sind völlig verschiedene Dinge und führen zu unterschiedlichen Zielen. Du, lieber Nachiketa, strebst nach Erkenntnis, denn viele schöne Dinge habe ich dir angeboten und konnte dich doch nicht versuchen.

5 In spiritueller Blindheit lebend, doch sich für weise haltend, drehen sich die Dummköpfe im Kreise und folgen schmerzvollen Wegen wie Blinde, die von Blinden geführt werden.

6 Jenen, die nicht richtig unterscheiden können und sich von der Bedeutungslosigkeit weltlicher Errungenschaften verzaubern lassen, offenbart sich das Jenseits niemals. »Diese Welt allein ist wirklich«, sagen sie. »Ein Jenseits gibt es nicht.« – Das ist es, was sie denken. Und so fallen sie mir wieder und wieder in die Hände.

7 Viele gibt es, die über **Atman**, das Selbst, niemals etwas hören. Und viele, die davon erfahren, verstehen es nicht. Nur wenige sind es, die es darlegen können, und ebenso wenige, die die Lehre empfangen können.

8 Atman ist schwierig zu begreifen, wenn jemand darüber spricht, der es nicht selbst erfahren hat, denn es existieren viele falsche Annahmen darüber. Doch wenn jemand es darlegt, der selber eins geworden ist mit Atman, dann bleibt kein Zweifel mehr. Atman ist feiner als das Feinste und es kann nicht durch Nachdenken verstanden werden.

9 Dieses Wissen kann nicht durch Nachdenken erlangt werden. Es kann aber von einem verwirklichten Lehrer gegeben werden. Du bist wirklich ein Mensch von großer Entschlossenheit und hast einen solchen Lehrer gefunden. Möge es doch noch mehr Suchende geben wie dich!

10 Ich weiß, dass die Früchte des Handelns vergänglich sind. Die Ewigkeit kann nicht durch Vergängliches erreicht werden. Dennoch habe ich das Nachiketa-Ritual vollzogen und damit meine Stellung als König des Todes erreicht. Sie ist ewig nur in einem relativen Sinne.

11 Die Erfüllung der Wünsche und die Herrschaft über die Welt, den unerschöpflichen Lohn der Rituale, das Ufer, an welchem keine Angst existiert, das Verehrungswürdige und Große, den grenzenlosen Raum – alles das hast du gesehen. Doch du bist weise und hast entschlossen all das abgelehnt.

12 Wenn der Weise seinen Geist auf das Selbst ausrichtet, das in seinem tiefsten Inneren liegt, jenseits der Sinne und jenseits der Zeit, geht er über Freude und Schmerz hinaus.

13 Wenn ein Sterblicher dies gehört und verstanden hat, wenn er Atman erkannt hat – sein inneres Licht und feinste Essenz sei-

nes Wesens, das jenseits des Physischen liegt – dann hat er die Quelle der Glückseligkeit erreicht. Du, Nachiketa, bist jetzt so weit, um einzugehen in *Sadma,* die Wohnstatt Brahmans.

NACHIKETA

14 Was liegt jenseits von Gut und Böse, von Ursache und Wirkung und von Vergangenheit und Gegenwart? Bitte, Yama, sag mir alles, was du darüber weißt!

YAMA

15 Das Ziel, das die Veden als Höchstes ehren, worauf alle spirituellen Bemühungen sich richten und das die Menschen sich wünschen, die ihr Leben ganz dem Höchsten widmen, ich sag es dir in aller Kürze: Es heißt OM.

16 Dieser Klang ist Brahman. Und er weist über Brahman hinaus. Wer auf diesen Klang meditiert, erlangt, was immer er sich wünscht.

17 Dies ist die beste Stütze und das höchste Symbol. Wer es kennt, wird verehrt als einer, der Brahman kennt.

18 Das wissende Selbst ist weder geboren, noch kann es sterben. Es hat keine Quelle, noch bringt es etwas hervor. Es ist ungeboren, ewig, unvergänglich und uralt. Es kann nicht verletzt werden, auch nicht dann, wenn der Körper getötet wird.

19 Wenn einer, der tötet, denkt, er würde töten, und wenn einer, der getötet wird, denkt, er würde getötet, dann irren sich beide. Das Selbst tötet nicht, noch kann es getötet werden.

20 Atman ist feiner noch als das Feinste und größer als das Größte. Es wohnt im Herzen eines jeden Wesens. Wer frei ist vom Habenwollen, kann, wenn die Sinne und der Geist still sind, die Herrlichkeit Atmans erblicken und von jeder Sorge frei werden.

21 Das Selbst ist ruhend, und dennoch reist es weit. Wenn wir schlafen, bewegt es sich überallhin. Wer außer mir kann dies ewige Wesen begreifen, das jenseits von Freud und Leid liegt?
22 Der Weise, der Atman, das Selbst, erkannt hat als das, was in allen sterblichen Körpern wohnt, selbst aber ohne Körper ist, weit und alles durchdringend, kennt keine Traurigkeit.
23 Das Selbst kann nicht erkannt werden durch das Studium von Schriften oder durch den Verstand, auch nicht, indem man viel darüber hört. Nur derjenige kann es erkennen, den das Selbst erwählt. Ihm offenbart es seine Natur.
24 Wer böse Dinge tut, kann sein inneres Licht nicht finden, und auch nicht einer, dessen Geist nicht still ist und der seine Sinne nicht im Zaum hält. Allein durch die Erkenntnis der Wirklichkeit kann Atman erkannt werden.
25 Wie kann einer wissen, wo das Selbst zu finden ist, für das sogar Gelehrte und Krieger bloß Nahrung sind und der Tod nur ein Gewürz?

Teil I ֍ 3. Kapitel

YAMA

1 Es sind zwei, die im erhabenen Raum des Herzens leben, und sie ernten die Früchte ihrer Handlungen. Jene, die Brahman kennen, oder die, die das Fünf-Feuer-Opfer darbringen, sowie jene, die dreimal das Nachiketa-Ritual vollziehen, nennen sie »Licht« und »Schatten«.
2 Nun wissen wir, wie das Nachiketa-Ritual zu vollziehen ist. Es ist eine Brücke für manche Menschen. Und wir wissen auch vom

höchsten und unvergänglichen Brahman, wohin solche Menschen streben, die jene Grenze überschreiten möchten, hinter der keine Angst mehr existiert.

3 Wisse, dass Atman der Herr des Wagens ist und Buddhi den Körper lenkt. Manas hält die Zügel.

4 Die Sinne, sagt man, sind die Pferde und die Sinnesobjekte die Straßen. Das Selbst, das in Verbindung mit Körper, Sinnen und Manas steht, nennen die Weisen den »Erfahrenden«.

5 Buddhi steht mit Manas in Verbindung. Ist Manas immerzu abgelenkt, verliert Buddhi die Kraft der Unterscheidung. Dann sind die Sinne unkontrolliert wie die ungebärdigen Pferde eines Wagenlenkers.

6 Ist Buddhi hingegen verbunden mit einem kontrollierten Manas, dann hat sie die Kraft der Unterscheidung. So kommen auch die Sinne unter Kontrolle wie die Pferde eines Wagenlenkers.

7 Ist Buddhi mit einem zerstreuten Manas verbunden, verliert sie ihre Unterscheidungskraft und ist ohne Klarheit. So kann die im Körper wohnende Seele niemals ihr Ziel erreichen, sondern geht ein in den Kreislauf von Geburt und Tod.

8 Wenn Buddhi mit einem kontrollierten Manas verbunden ist, hat sie Unterscheidungskraft und Klarheit. Dann erlangt die im Körper wohnende Seele jenes Ziel, von dem aus sie nicht mehr wiedergeboren wird.

9 Ein Mensch, dessen Buddhi Unterscheidungsvermögen besitzt und ihn wie ein guter Wagenlenker auf die richtigen Pfade führt, erreicht das Ende des Weges, den höchsten Ort Vishnus.

10 Jenseits der Indriyas liegen ihre korrespondierenden Objekte. Jenseits dieser liegt Manas und jenseits davon Buddhi. Über Buddhi hinaus geht Mahat.

11 Avayakta, das Nichtmanifeste geht über Mahat hinaus. Purus-

ha liegt jenseits noch des Nichtmanifesten. Es gibt nichts jenseits von Purusha. Er ist das Ende, das höchste Ziel.

12 Das Selbst liegt verborgen in allen Wesen und ist deshalb nicht sichtbar. Doch wenn Buddhi hoch entwickelt und in der Lage ist, subtile Dinge zu sehen, kann es erkannt werden.

13 Der Weise sollte seine Wahrnehmungen einsinken lassen in Manas, Manas in Buddhi, Buddhi in Mahat und Mahat schließlich in das friedvolle Selbst.

14 Steh auf! Erwache! Geh hin zu den Großen und lerne! Schwierig ist dieser Weg, wie auf Messers Schneide zu gehen, so sagen die Weisen.

15 Was ohne Klang ist und nicht berührt werden kann, was keine Farbe hat und unvergänglich ist; was nicht zu schmecken ist, ewig und ohne Duft; was ohne Anfang ist und ohne Ende, jenseits von Mahat und unwandelbar – wenn du DAS erkennst, befreist du dich aus dem Griff des Todes.

16 Der Weise, der die ewige Wahrheit, die Nachiketa von Yama empfing, gehört hat und weitergibt, erlangt höchste Ehren in Brahmas Reich.

17 Unendlicher Verdienst wird einem zufließen, der reinen Herzens ist und dies höchste Geheimnis vor einer Versammlung von Brahmins oder bei einer Zeremonie zu Ehren der Verstorbenen rezitiert. Unendlicher Verdienst.

Teil II ֍ 1. Kapitel

YAMA

1 Als der Schöpfer, der durch und aus sich selbst heraus lebt, die Sinne schuf, versah er sie mit einer Verletzung, sodass ihr Blick sich nur nach außen richtet. So sieht der Mensch, was außen ist, nicht aber sein innerstes Wesen. Doch der Weise, der die Unsterblichkeit sucht, kann sein wahres Wesen mit geschlossenen Augen erkennen.

2 Unreife Menschen laufen den äußeren Annehmlichkeiten nach, gefangen im weitgespannten Netz des Todes. Die Weisen jedoch, wissend um die Unsterblichkeit, begehren nichts in dieser vergänglichen Welt.

3 Das Selbst bewirkt, dass wir sehen, schmecken und riechen können, hören, fühlen und sexuelle Freuden genießen. Nichts bleibt verborgen vor ihm. Dieses Selbst ist in Wahrheit DAS.

4 Es ist dieses Selbst, Atman, weit und alles durchflutend, das uns die Erfahrungen ermöglicht, sei es im Wachzustand oder im Schlaf. Wer es erkannt hat, ist nie wieder betrübt.

5 Obgleich das Selbst die Früchte unserer Handlungen erntet, ist es Herr über die Zeit, Vergangenheit und Zukunft. Wer sich ihm nahe fühlt, braucht nichts mehr zu fürchten.

6 Wer den Erstgeborenen sieht, der geboren ist aus dem Bewusstsein noch vor den Elementen des Geistes und wohnend im Herzen, inmitten des Körpers und der Sinne, der erkennt Brahman. Er ist in Wahrheit DAS.

7 Wer Aditi sieht, die als Prana, kosmische Energie, geboren wird, der erkennt Brahman. Sie ist die Seele aller Devas. Sie lebt in den fünf Elementen und wohnt im Herzen aller Wesen.

8 Agni, der verborgen liegt zwischen zwei Hölzern, gut behütet wie ein Kind im Schoß der Mutter und jeden Tag aufs Neue verehrt von achtsamen Menschen – er ist in Wahrheit DAS.
9 Die Kraft, welche die Sonne auf- und untergehen lässt und die sogar die Devas brauchen – niemand kann darüber hinausgehen. Sie ist DAS.
10 Was hier ist, ist auch dort. Und was dort ist, ist ebenso hier. Wer einen Unterschied zwischen beiden sieht, geht von Tod zu Tod.
11 Nur mit dem Geist kann man das Höchste erkennen. Dann sieht man keinen Unterschied mehr zwischen hier und dort. Wer ihn dennoch sieht, geht von Tod zu Tod.
12 Purusha wohnt im Körper, daumengroß. Er herrscht über die Zeit, über Vergangenheit und Zukunft. Ist er einmal erkannt worden, so wird er sich nie mehr verbergen. Er ist in Wahrheit DAS.
13 Purusha, daumengroß, ist wie eine Flamme, die keinen Rauch macht. Er herrscht über die Zeit, über Vergangenheit und Zukunft. Er ist derselbe heute wie morgen. Er ist in Wahrheit DAS.
14 Regen, der auf unzugängliche Berggipfel fällt, fließt in alle Richtungen die Hänge hinab. Und so ist es mit einem, der denkt, das Selbst der Wesen unterscheide sich. Er läuft in alle Richtungen.
15 Wie reines Wasser eins wird mit dem reinen Wasser, in das man es gießt, genauso, mein lieber Gautama, ist es mit dem Selbst des Weisen, der erkannt hat.

Teil II ❁ 2. Kapitel

YAMA

1 In der Stadt, die elf Tore hat, regiert einer, der ungeborenes reines Bewusstsein ist. Wer auf ihn meditiert, wird keine Traurigkeit mehr erfahren und Befreiung erlangen. Er ist in Wahrheit DAS.

2 Er ist die Sonne, die am Himmel ihre Bahnen zieht. Er ist die Luft, die allen Raum durchflutet. Er ist das Feuer, das die Erde beherrscht und der Nektar, der den Krug ausfüllt. Er lebt in Menschen und in Göttern, in der Wahrheit und im Kosmos. Er wird geboren aus dem Wasser wie aus der Erde. Er wird geboren in Zeremonien. Er entspringt den Bergen. Er ist die Wirklichkeit. Er ist groß.

3 Alle Devas heiligen den ehrwürdigen Einen, der in der Mitte ruht, Prana nach oben treibt und Apana nach unten. Er ist in Wahrheit DAS.

4 Wenn sich das, was im Körper wohnt, von ihm löst und ihn hinter sich lässt, was bleibt dann? Dies ist in Wahrheit DAS.

5 Kein Sterblicher lebt von Prana oder Apana. Die Menschen werden belebt von etwas anderem, von welchem diese beiden abhängig sind.

6 Lieber Gautama, nun will ich dir das Geheimnis des ewigen Brahman erklären und dazu auch, was dem Selbst nach dem Tod eines Menschen widerfährt.

7 Ihrem Wirken und Wissen entsprechend gehen manche Jivas in einen Schoß ein, andere in unbewegliche Wesen.

8 Purusha ist auch im Schlaf wach und erschafft die Objekte, zu denen es unsere Sinne hinzieht. Er ist rein, er ist Brahman, der

Unsterbliche. Er trägt alle Welten. Niemand geht über ihn hinaus. Er ist in Wahrheit DAS.

9 Wie das Feuer, das, nachdem es in die Welt gekommen ist, unterschiedliche Formen annimmt, entsprechend den Objekten, die es verbrennt, so ist es auch mit dem Selbst, das in allen Wesen wohnt. Obwohl es eins ist, nimmt es die Form der Wesen an, in die es eingeht. Und es existiert auch außerhalb von ihnen.

10 Wie die Luft, die, nachdem sie in die Welt gekommen ist, entsprechend der unterschiedlichen Gestalt der Dinge, verschiedene Formen annimmt, obgleich sie doch eins ist, so ist es auch mit dem Selbst, das in allen Wesen wohnt, in die es eingeht. Und es existiert auch außerhalb von ihnen.

11 So wie die Sonne – das Auge des Weltalls – nicht beeinträchtigt wird durch den Makel der Augen der Wesen oder die äußeren Dinge, die sie offenbart, so ist es auch mit dem Selbst, das in allen Wesen wohnt. Es ist nicht betroffen vom Elend der Welt. Es geht über sie hinaus.

12 Das Selbst in allen Wesen ist eines, und dennoch beherrscht es alles. Aus seiner Einheit fließt die Vielgestaltigkeit der Formen. Unendliches Glück widerfährt dem Weisen, der das Selbst in sich erkennt, keinem anderen.

13 Das Selbst ist das Ewige im Vergänglichen, die einzig bewusste Wesenheit in den bewussten Wesen, allein in der Lage, die Wünsche der Vielen zu erfüllen. Unendliches Glück widerfährt dem Weisen, der das Selbst in sich erkennt, keinem anderen.

14 Die Weisen erkennen dies Glück als »Dies ist DAS«. Doch wie kann ich DAS verwirklichen? Strahlt es aus sich selbst heraus? Oder reflektiert es nur den Glanz von etwas anderem?

15 Dort scheint die Sonne nicht und auch kein Mond. Auch keine Sterne strahlen dort und keine Blitze, vom Feuer ganz zu

schweigen. DAS allein leuchtet. Alles wird erhellt durch SEIN Licht.

Teil II ֍ 3. Kapitel

YAMA

1 Dies ist Ashvattha, der anfangslose Feigenbaum. Seine Wurzeln strecken sich nach oben, und seine Äste reichen nach unten. Die Wurzel ist Brahman, rein und unsterblich. Alle Welten stützen sich darauf, und niemand kann darüber hinausgelangen. Dies ist in Wahrheit DAS.

2 Das ganze Weltall schwingt. Es ist aus Prana, Brahmans Kraft, geboren. Brahman ist schrecklich wie ein Vajra, der zum Schlag ausholt. Wer Brahman erkennt, erlangt Unsterblichkeit.

3 Aus Ehrfurcht vor Brahman brennt Agni, das Feuer. Aus Ehrfurcht vor Ihm scheint Surya, die Sonne. Indra, Vayu, und fünftens schließlich auch der Tod – sie alle eilen, ihre Aufgaben zu erfüllen.

4 Wem es gelingt, Brahman zu erkennen, noch bevor sein Körper sich auflöst, erlangt Befreiung. Wenn nicht, inkarniert er wieder hier oder in einer der anderen Welten.

5 Wie die Reflexion in einem klaren Spiegel zeigt sich das Selbst in einem klaren Geist. In der Welt der Ahnen sieht man das Selbst wie in einem Traum. In der Welt der Gandharvas erscheint es wie eine Spiegelung auf dem Wasser. Doch in der Welt von Brahma zeigt es sich klar wie Licht und Schatten.

6 Wer verstanden hat, dass die Sinne sowie ihr Kommen und Gehen ihren eigenen Ursprung haben und sich von Atman unterscheiden, wird keine Traurigkeit mehr erfahren.

7 Jenseits der Sinne ist Manas. Jenseits von Manas ist Buddhi. Jenseits von Buddhi ist Mahat. Jenseits von Mahat ist Avyakta, das Nichtmanifeste.

8 Doch jenseits noch von Avyakta ist Purusha, alles durchflutend und nicht wahrnehmbar. Wer Purusha erkannt hat, erlangt Befreiung und wird unsterblich.

9 Seine Gestalt übersteigt die Möglichkeiten des Sehens. Niemand kann das Selbst mit den Augen sehen. Mit einem reinen Geist, frei von Zweifeln und in regelmäßiger Meditation kann man es im Inneren des Herzens erkennen. Wer es erkennt, wird unsterblich.

10 Wenn die fünf Sinne und Manas zur Ruhe kommen und wenn auch in Buddhi keine Bewegung mehr ist – dies ist der höchste Bewusstseinszustand.

11 Die Sinne in dieser Weise zu kontrollieren wird Yoga genannt. Man muss achtsam sein, denn der Zustand des Yoga ist nur schwer zu erlangen, doch leicht wieder zu verlieren.

12 Atman kann nicht durch Sprechen erlangt werden, nicht durch das Schauen mit dem Auge und auch nicht durch Denken. Wie aber kann man das Selbst auf andere Weise erkennen als durch die Bekräftigung jener, die es erfahren haben und sagen »es existiert«?

13 Das Selbst muss zuerst als existierend begriffen werden, danach in seinem Wesen. Wer das Selbst als existent begreift, dem offenbart sich auch sein Wesen.

14 Wenn alles Habenwollen, das noch im Herzen wohnt, losgelassen wurde, dann erlangt der Sterbliche die Unsterblichkeit noch in diesem Leben auf der Erde und geht ein in Brahman.

15 Wenn alle Knoten des Herzens gelöst werden, noch während der Mensch auf der Erde lebt, dann wird ein Sterblicher unsterblich. Dies ist die einzige Lehre der Upanishaden.

16 Einhunderteins Ströme sind verbunden mit dem Herzen. Einer davon fließt zur Krone des Kopfes. Wenn man ihm folgt, erlangt man die Unsterblichkeit. Folgt man den anderen Strömen, gelangt man zu Ebenen, wo Geburt und Tod existieren.
17 Purusha, das innerste Selbst, hat die Größe eines Daumens und wohnt immer im Herzen der Menschen. Unbeirrbar soll man es von seinem Körper trennen, so wie man den weichen Halm vom Munja-Gras löst. Wisse, dies Selbst ist rein und unsterblich. Es ist rein und unsterblich.

18 Nachdem Nachiketa so von Yama belehrt und das Wissen über den Yoga empfangen hatte, war er befreit von jeder Unreinheit und dem Tod und ging in Brahman ein. Jeder, der so sein innerstes Wesen erkennt, wird zu Brahman gelangen.
OM. Möge der Schöpfer uns alle beschützen und führen. Möge er uns die Kraft geben, Erkenntnis zu erlangen. Mögen unsere gemeinsamen Studien uns zur Wahrheit führen. Mögen niemals negative Gefühle zwischen uns sein. OM – Shanti, Shanti, Shanti

Glossar

Abhinivesha	Angst vor dem Tod bzw. das Festhalten oder die Anhaftung an den physischen Körper; eines von fünf *Kleshas* oder Hauptursachen des Leidens, wie das *Yogasutra* sie beschreibt.
Achintya	»was über das Denken hinausgeht«; einer der tausend Namen Gottes.
Adharma	Gegenteil von *Dharma;* spirituelle Fehlausrichtung; nicht hilfreiches Denken, Sprechen und Verhalten; Weg, der nicht zur Selbsterkenntnis führt; unweises, unethisches, unyogisches Verhalten
Adhyatma-Yoga	»Verbundensein mit *Atman«;* Zustand der spirituellen Selbstverwirklichung.
Aditi	»Esserin«; Synonym für *Prana* oder *Shakti.*
Advaita-Vedanta	von den Upanishaden inspirierte Denkschule Indiens, die die Einheit bzw. Nichtdualität allen Seins betont *(Advaita* = »Nichtzwei«). Brahman und die Schöpfung werden darin als eins begriffen.
Agni	Feuer, Energie; Gott in seinem Schöpfungsaspekt; Synonym für *Hiranyagarbha.*
Ahamkara	»Ich-Macher«; Aspekt des menschlichen Geistes, der alle Erfahrungen integriert (»Ich und mein«); Ich oder Ego; Synonym für *Asmita.*
Akasha	Raum; in weiter Auslegung auch Synonym für Brahman.
Anandamaya-Kosha	siehe *Kosha.*
Amrita	Nektar der Unsterblichkeit; Synonym für *Soma.*

Amritatvam	Essenz der Unsterblichkeit.
Anahad-Nada	»der nichtgespielte Klang«; Widerspiegelung des kosmischen Klangs AUM im Raum des Herzens.
Anagamin	»Niewiederkehrer«; buddhistische Bezeichnung für einen, der in den Strom des *Nirvana* eingetaucht ist.
Anahata-Chakra	Herz-Chakra, viertes und zentrales von sieben Energiezentren des Menschen.
Annamaya-Kosha	siehe *Kosha.*
Apana-Vayu	eines der fünf wichtigsten *Vayus* oder Energiefelder des Menschen.
Asmita	Ichbewusstsein, Ichgefühl; Synonym für *Ahamkara;* im Yogasutra eines der fünf *Kleshas* oder Hauptleidensursachen des Menschen.
Atman	spirituelle Essenz; inneres Licht; (wahres) Selbst (jenseits von Körper, Ego, Geist und Gefühlen); Synonym für Purusha.
Aupanishada -Purusha	das »Wesen der Upanishaden«; Bezeichnung für Brahman in seiner kosmischen Form.
Avyakta	auch: Avyakta Prakriti; das Nichtmanifeste, die nicht geschaffene Urnatur; Potenzial des Seins, auf das Brahman »einwirkt« und so den Impuls für die Entstehung der Welt setzt.
Avidya	spirituelle Blindheit; Nichtwissen um die wahre Natur unseres Seins.
Bandha	Muskelverschluss in der Atem- und Körperarbeit des Yoga.
Bhagavad Gita	zentrale Schrift des Yoga und unterschiedlichster spirituell-philosophischer Strömungen Indiens; stark geprägt von den *Upanishaden* und der *Sankhya*-Philosophie.
Brahma	Brahman in seinem Schöpfungsaspekt; siehe *Hiranyagarba.*
Brahmaloka	siehe *Svargaloka.*

Brahman	»das Größte«, »das Höchste«; abstrakter Begriff für jene Kraft oder Quelle des Seins, aus der alles ausfließt, was ist, und in die hinein es wieder zurückkehren wird; totale Transzendenz; Eingehen in Brahman: Zustand totaler Transzendenz, spirituelle Selbsterkenntnis.
Brahma-Vriksha	»Brahmas Baum«, »Baum des Schöpfers«; Synonym für *Ashvattha* und *Samsara-Vriksha.*
Buddhi	höherer Aspekt des menschlichen Geistes: Intelligenz, Weisheit, Intuition.
Buddhindriyas	»Erkenntnisorgane«; Sinne des Menschen; Synonym für *Jnanendriyas.*
Chitta	individueller, menschlicher Geist im umfassenden Sinne: Ichbewusstsein, Wahrnehmungen, Instinkte, Reflexe, Gedanken, Gefühle, logisches Denken, Weisheit, Intuition, Erinnerungen (bewusst oder nicht).
Chitragupta	kosmischer »Aufzeichner«; ein Wesen, das Yama zu Diensten ist und alles aufschreibt, was geschieht.
Deva	Gottheit.
Devaloka	siehe *Svargaloka.*
Dharam Rai	»König der Gerechtigkeit«; Name für *Yama.*
Dharma	kosmisches Gesetz, (spiritueller) Weg, Wahrheit, Lehre, Gerechtigkeit, richtige (d. h. spirituelle) Ausrichtung im Leben.
Dhukha	»negativer Raum«; schmerzhaft, unangenehm; Gegenteil von *Sukha.*
Drashta	»Seher«; Synonym für Purusha oder Atman, inneres Licht, reines Gewahrsein, Selbst.
Dvesha	Nichthabenwollen; Abneigung, Ablehnung; eine der fünf *Kleshas* oder Hauptleidensursachen, die das *Yogasutra* beschreibt.
Eka	das Eine.
Gada	Keule oder Morgenstern; eine der Waffen *Yamas.*
Gandharvas	Gottheiten des Hindu-Pantheons; Musik-Devas.
Gautama	»stärkster Stier«; Anrede Yamas für Nachiketa.

Granthi	»Knoten«; Symbol für die Anhaftung des Menschen an materielle, emotionale und mentale Aspekte seines Seins.
Hiranyagarbha	Name für das »kosmische Ei«; Gott in seinem Schöpfungsaspekt; Synonyme: *Virat, Ishvarah, Brahma, Sutratma, Prana, Agni, Purvam-Jatam.*
Hridayakasha	Herz-Raum.
Ida	wichtiger *Prana*-Fluss im menschlichen Körper, fließt auf der linken Seite der Wirbelsäule und korrespondiert mit der linken Seite des Körpers bzw. der rechten Seite des Gehirns; siehe *Pingala, Sushumna.*
Indriyas	»Erkenntnisorgane« und »Handlungsorgane«; Sinne und Fähigkeiten des Menschen; zusammenfassender Begriff für die *Jnanendriyas (Buddhindriyas)* und *Karmendriyas.*
Ishvarah	persönlicher Gott; Gott in seinem Schöpfungsaspekt; Synonym für *Hiranyagarbha.*
Jnanendriyas	»Erkenntnisorgane«; Sinne des Menschen; Synonym für *Buddhindriyas.*
Jnana	Erkenntnis.
Jnata	»das Erkannte«; spirituelle Erkenntnis.
Kaivalya	»Losgelöstheit«; absolute Freiheit; spirituelle Befreiung aus dem Kreislauf von *Samsara;* Synonym für *Moksha.*
Kal	Zeit.
Kalasutra	»das Seil der Zeit«; schwarzes Seil, mit dem *Yama* seine Todeskandidaten einfängt.
Kalpa	Zeitalter.
Kama	Begehren.
Karma	Handlung und die Konsequenzen, die sie hat; kosmisches Gesetz von Ursache und Wirkung, das dem Kreislauf der Wiedergeburten *(Samsara)* zugrunde liegt.
Karma-Yoga	spiritueller Weg des selbstlosen Tuns; Tun ohne Ich oder Ego; ein Handeln, dem es nicht um die Früchte des Handelns geht; Handeln zugunsten anderer Wesen; Handeln für Brahman oder Gott.

Karmendriyas	»Handlungsorgane«; die grundlegenden Fähigkeiten des Menschen, wie die Yoga-Philosophie *(Sankhya)* sie definiert: Sprechen, Greifen, Gehen, Fortpflanzung, Ausscheiden.
Klesha	»Verfärbung« des Geistes; verzerrte Wahrnehmung; meistens übersetzt als Hauptleidensursache des Menschen; das *Yogasutra* definiert fünf Kleshas. Kleshas 2–5 sind die Folge des ersten Kleshas. *Avidya* (spirituelle Blindheit), *Asmita* (Ichgefühl, Ichzentriertheit, Ego), *Raga* (Habenwollen), *Dvesha* (Nichthabenwollen) *Abhinivesha* (Festhalten am physischen Sein, Angst vor dem Tod).
Kosha	Hülle oder Schicht; die *Taittiriya-Upanishad* beschreibt den Menschen als Wesen mit fünf Hüllen oder Schichten, in dessen Zentrum die spirituelle Essenz
Krama-Mukti	allmählich sich herausbildende Erkenntnis (im Gegensatz zu plötzlicher, schlagartiger Erleuchtung).
Kshatriya	Krieger.
Kumbhaka	Atemverhaltung während der Praxis des Pranayama.
Kundalini	spirituelle Energie an der Basis der Wirbelsäule, deren Aktivierung den energetischen Prozess einleitet, der das spirituelle Wachstum begleitet.
Lila	die Erschaffung des Kosmos als »Spiel des Schöpfers«.
Linga	auch *Linga-Sharira;* feinstofflicher Körper in Abgrenzung zum *Sthula-Sharira,* dem physischen Körper; Synonym: *Sukshma-Sharira.*
Mahabhutas	grobstoffliche Elemente: Raum (»Äther«), Luft, Feuer, Wasser und Erde.
Mahat-Bhayam	»großer Schrecken«; Synonym für Brahman.
Mahati-Samparaye	»das große Sein jenseits der Dualität«; Zustand der totalen Transzendenz; Einssein mit Brahman.
Mahatma	»große Seele«; Name für Yama.
Mahavakyam	»großer Ausspruch«; Aussage, die den Menschen als eins mit Brahman sieht, zum Beispiel: *Aham Brahmasmi* (Ich bin Brahman) oder *Tat Tvam Asi* (Du bist DAS).

Mahavratam	»großes Bekenntnis«; Begriff aus dem *Yogasutra,* der sich auf die unbedingte und universale Gültigkeit ethischer Grundsätze bezieht, zum Beispiel auf *Ahimsa,* das Nichtverletzen oder Nichtschaden.
Manas	Aspekt des menschlichen Geistes, zuständig für Wahrnehmungen, Gedanken, Gefühle, Instinkte, Reflexe und Reaktionen.
Manomaya-Kosha	siehe *Kosha.*
Maya	die Macht Brahmans, die Welt (oder eine Illusion) zu erschaffen; die Welt als Verkleidung von Brahman.
Moksha	spirituelle Befreiung; Selbsterkenntnis; Synonym für *Kaivalya.*
Nirguna-Brahman	Brahman ohne Eigenschaften; das Höchste in rein abstrakter Form; Gegensatz zu *Saguna-Brahman.*
Nirvana	»Verlöschen«; Buddhas Begriff für den Zustand des *Yoga, Moksha, Kaivalya.*
Parinama-Duhkha	Herausforderungen oder Leiden, die hervorgerufen werden durch die Tatsache, dass die Dinge im Leben ständigen Veränderungen unterliegen; Leiden, das die aller Existenz inhärente Instabilität mit sich bringt.
Pingala	wichtiger *Prana*-Fluss im menschlichen Körper, fließt auf der rechten Seite der Wirbelsäule und korrespondiert mit der rechten Seite des Körpers bzw. der linken Seite des Gehirns; siehe *Ida, Sushumna.*
Prakriti	als Vyakta-Prakriti: Natur, alles Geschaffene; fließt aus *Avaykta-Prakriti.*
Pralaya	Auflösung des Kosmos
Prana	Lebensenergie; auch: Gott in seinem Schöpfungsaspekt und als solches Synonym für *Hiranyagarbha.*
Prana-Vayu	eines der fünf wichtigsten *Vayus* oder Energiefelder des Menschen.
Pranamaya-Kosha	siehe *Kosha.*
Pranava	»das, womit man das Höchste richtig ehrt«; »das, was ewig neu ist«; Wort für den kosmischen Klang AUM.

Pranayama	Atemtechniken des Yoga; Ausweitung und Kontrolle der Lebensenergie.
Preya	das Gute im Sinne von gut für das spirituelle Wachstum des Menschen.
Purusha	spirituelle Essenz; inneres Licht; (wahres) Selbst (jenseits von Körper, Ego, Geist und Gefühlen); Synonym für *Atman.*
Purvam-Jatam	»der Erstgeborene«; Gott in seinem Schöpfungsaspekt; Synonym für *Hiranyagarbha.*
Raga	Habenwollen; Begehren; Leidenschaft; eine der fünf *Kleshas* oder Hauptleidensursachen, die das *Yogasutra* beschreibt.
Ritam	Wahrheit, Wirklichkeit.
Rishi	Weiser, Seher; die Rishis gelten als jene Menschen, denen die Weisheit der Upanishaden in tiefer Meditation offenbart wurde.
Sadma	Wohnstatt Brahmans.
Saguna-Brahman	Brahman mit Eigenschaften; im Gegensatz zum abstrakten *Nirguna-Brahman;* Gott oder das Höchste, das als Form verehrt wird (zum Beispiel als heilige Person, Figur, konkrete Idee o. a.).
Sahasrara-Chakra	Kronen-Chakra; siebtes und höchstes der Energiezentren des Menschen.
Samadhi	meditatives Gipfelerlebnis; bewusstseinserweiternde Erfahrung; Erleuchtungserlebnis; Selbsterkenntnis.
Samana-Vayu	eines der fünf wichtigsten *Vayus* oder Energiefelder des Menschen.
Samparayah	Jenseits.
Samsara	Rad der Wiedergeburt; Kreislauf aus Geborenwerden, Leben, Altern, Sterben, Eingehen in astrale Welten und neuerlichem Geborenwerden.
Samsara-Vriksha	»Samasra-Baum«, der den Kreislauf aus Geborenwerden, Leben, Sterben und Wiedergeburt symbolisiert; Synonym für Ashvattha, siehe auch: Brahma-Vriksha.

Samyoga	Identifikation mit Körper, Gedanken und Gefühlen; Nichtverbundensein mit der spirituellen Essenz; Gegenteil des Zustands des *Yoga, Kaivalya, Moksha.*
Sankhya	philosophisches System, das dem Yoga unterliegt; prägte nahezu das gesamte spirituell-philosophische Denken Indiens; *Bhagavad Gita* und *Yogasutra* sind beide stark davon geprägt; wirkte auch auf die *Upanishaden* zurück.
Sankhya-Karika	wichtigste Schrift der Sankhya-Philosophie.
Sat	absolute Wirklichkeit; Synonym für Brahman.
Shakti	Fähigkeit, Kraft, Energie; Synonym für *Prana;* weibliche Gottheit, Gefährtin von *Shiva.*
Shanti	Frieden.
Shaucha	reinigende Praktiken des Yoga.
Shiva	reines Bewusstsein, Absolutheit; Synonym für *Brahman;* männliche Gottheit; Gefährte von *Shakti.*
Shraddha	absolutes Vertrauen, totaler Glaube.
Shreya	die angenehmen Dinge des Lebens; siehe auch *Preya.*
Soma	Nektar der Unsterblichkeit; Synonym für Amrita.
Spandan	Vibration, Schwingung; der Klang, der das Weltall entstehen lässt.
Sphota	Essenz oder das innerste Wesen eines Wortes.
Sthanu	Lebewesen, die sich nicht fortbewegen können, d.h. Pflanzen.
Sthula-Sharira	materieller Körper.
Sukhka	»positiver Raum«; angenehm; Gegenteil von *Duhkha.*
Sukshma-Sharira	feinstofflicher Körper (alles Koshas ohne Annamaya, den physischen Körper); Synonym: *Linga-Sharira.*
Sutratma	die Seele oder der Faden, da alle Dinge im Kosmos zusammenhält; Synonym für *Hiranyagarbha.*
Sushumna	wichtigster *Prana*-Fluss des menschlichen Körpers, fließt im Zentrum der Wirbelsäule.
Svarga	siehe *Svargaloka.*

Svargaloka	Himmelreich; synonyme Bezeichnungen sind *Brahmaloka* oder *Devaloka.*
Tanmatras	feinstoffliche Elemente.
Teja	Lebenskraft.
Turiya	vierter Bewusstseinszustand, der die vorausgehenden drei Bewusstseinszustände (Wachbewusstein, Traumbewusstsein, traumloser tiefer Schlaf) transzendiert; Synonym für Samadhi.
Upasana	Meditationspraxis
Vairagya	Loslassen, Nichtanhaften.
Vaivashvata	»Sohn der Sonne«; Name für *Yama.*
Vasudeva	Gottheit, die allen Wesen und sich selbst Wohnstatt ist; Synonym für Vishnu.
Vayus	»Winde«; als *Pancha-Vayu* bezeichnet der Begriff die fünf wichtigsten Energiefelder des Menschen, von denen wiederum drei von zentraler Bedeutung in der Praxis des Yoga sind: *Prana-Vayu* (wirkt im Bereich des Brustkorbs; Aufnahme von Lebensenergie, Atmung, Absorption), *Apana-Vayu* (wirkt im Bereich des Unterleibs und Beckens; Abgabe oder Ausscheidung nicht benötigter Stoffe und Energien, Exkretion), *Samana-Vayu* (wirkt im Bereich des Magens; Verdauung, Assimilation).
Vidya	»Sehen«; spirituelle Erkenntnis.
Vijnanamaya-Kosha	siehe *Kosha.*
Vipashchit	»intelligentes Bewusstsein«; Synonym für *Atman oder Purusha.*
Virat	kosmisches Wesen; Gott in seinem Schöpfungsaspekt; Synonym für *Hiranyagarbha.*
Vishnu	Aspekt von Brahman; steht für die erhaltende, entwickelnde Kraft Gottes, für den Evolutionsaspekt der Schöpfung; bildet eine Triade mit Brahma und Shiva *(Brahma:* Schöpfungsaspekt; *Shiva:* Aspekt der Auflösung).
Viveka	Unterscheidungsvermögen; spirituell unterscheidendes Gewahrsein; wissen, was wichtig ist oder nicht, was real ist oder nicht, was schmerzhaft ist oder nicht.

Viyoga	meint im Grunde alle Methoden des *Yoga;* Viyoga will *Samyoga* beenden, um Yoga zu erreichen.
Vritti	Sammelbegriff, der im Yogasutra alle mentalen Prozesse bezeichnet.
Yamapura	die Wohnstatt *Yamas.*
Yamadutas	die Botschafter des Todes, welche die Verstorbenen zu Yama bringen.
Yoga	Bewusstseinszustand; Ziel des spirituellen Wachstums; Ziel der Katha-Upanishad, der *Bhagavad Gita* und des *Yogasutra;* Synonym für *Moksha* oder *Kaivalya.*
Yogasutra	grundlegende Schrift des Yoga, verfasst von Patanjali (entstanden ca. 400 vor bis 400 nach Christus).
Yoni	Gebärmutter; weibliches Geschlechtsorgan.

Literatur

Alexander, Eben: *Blick in die Ewigkeit. Die faszinierende Nahtod-Erfahrung eines Neurochirurgen*, München 2013.

Alexander, Eben und Tompkins, Ptolemy: *Vermessung der Ewigkeit. Sieben fundamentale Erkenntnisse über das Leben nach dem Tod*, München 2014.

Davidson, John (Hg.): *A Treasury of Mystic Terms.* Part 1: *The Principles of Mysticism*, Volume 2: *The Divine Eternity*, New Delhi 2003.

Davidson, John (Hg.): *A Treasury of Mystic Terms.* Part I: *The Principles of Mysticism,* Volume 5: *Man and the Cosmos*, New Delhi 2003.

Davidson, John (Hg.): *A Treasury of Mystic Terms,* Part I: *The Principles of Mysticism,* Volume 6: *The Soul in Exile*, New Delhi 2003.

Eknath Easwaran: *Dhammapada. Buddhas zentrale Lehren*, München 2006.

Ferrini, Paul: *Denn Christus lebt in jedem von euch*, Bielefeld 2006.

Gambhirananda, Swami: *Eight Upanishads, With the Commentary of Shankaracharya*, Volume I, Kolkata 2008.

Grof, Stanislav: *Kosmos und Psyche. An den Grenzen menschlichen Bewusstseins*, Frankfurt am Main 2007.

Harshananda, Swami: *A Concise Encyclopedia of Hinduism*, Volume 2, Karnataka 2008.

Johnson, Julian: *The Path of the Masters: The Science of Surat Shabd Yoga: The Yoga of the Audible Life Stream*, Punjab 2012.

Kübler-Ross, Elisabeth: Über den Tod und das Leben danach, Berlin 2013.

Ladinsky, Daniel: *A Year With Hafiz: Daily Contemplations*, New York 2011.

Lokeswarananda, Swami: *Katha Upanishad.* Translated and with notes based on Shankaras commentary, Kolkata 1993.

Lommel, Pim van: *Endloses Bewusstsein. Neue medizinische Fakten zur Nahtod-Erfahrung*, München 2013.

Maier, Victor H.: *Das Buch der Spontaneität. Über den Nutzen der Nutzlosigkeit und die Kultur der Langsamkeit. Das klassische Buch daoistischer Weisheit*, Aitrang 2008.

Mascaro, Juan: *The Upanishads*, London 1965.

Meister Eckhart: *Deutsche Predigten*, herausgegeben und übersetzt von Louise Gnädinger, Zürich 1999

Merton, Thomas: *Sinfonie für einen Seevogel. Geschichten und Meditationen des Zhuangzi*, Ostfildern 2012.

Monroe, Robert: *Der Mann mit den zwei Leben*, München 2005.

Monroe, Robert: *Über die Schwelle des Irdischen hinaus. Die Erfüllung des menschlichen Schicksals im grenzenlosen Universum reinen Bewusstseins*, München 2003.

Nikhilananda, Swami: *The Upanishads*, Volume 1, New York 2003.

Prabhavananda, Swami und Manchester, Frederick: *The Upanishads: Breath of the Eternal*, New York 2002.

Ruppenthal, Stephen H. (Hg.): *The Path of Direct Awakening: Passages for Meditation*, Albany 2004.

Sarvananda, Swami: *Kathopanishad*, Mylapore, o. J.

Satyadharma, Swami: *Yoga Chudamani Upanishad*, New Delhi 2003.

Satyananda Saraswati: *Nine Principal Upanishads*, New Delhi 2004.

Sekito Kisen: Sandokai, übersetzt von Taisen Deshimaru: *Sandokai. Die Einheit von Essenz und Erscheinung*, Heidelberg 1978.

Shankara: Ein Blütenkranz von Versen über die Erkenntnis des Absoluten (Brahma-jnana-avali-mala), ins Deutsche übertragen von Emanuel Meyer und Christoph Rentsch, in: Sri Shankaracharya: *Sieben Kleinode geistiger Erkenntnis*, Argenbühl 2002.

Skuban, Ralph: *Das Yogasutra. Der Königsweg zu einem weisen Leben*, München 2011.

Skuban, Ralph: *Yoga Nidra. Tiefenentspannung und geistige Klarheit*, München 2012.

Skuban, Ralph: *»In diesem Gefäß erklingt das Ewige«. Kabirs Yoga des Glücks*, Petersberg 2013.

Skuban, Ralph: *Die Bhagavad Gita. Das Weisheitsbuch fürs 21. Jahrhundert*, München 2013.

Skuban, Ralph: *Das Thomas-Evangelium. Auf der Suche nach dem Himmelreich*, Grafing 2014.

Skuban, Ralph: *Der Energiekörper. Die Aktivierung der feinstofflichen Kraftzentren*, Grafing 2014.

Skuban, Ralph: *Die Psychologie des Yoga*, München 2014.

Star, Jonathan: *Tao Te Ching. The New Translation from the Tao Te Ching: The Definitive Edition*, New York 2008.

Starr, Mirabai: *Saint John of The Cross: Devotions, Prayers and Living Wisdom*, Boulder 2008.

Tart, Charles: *The End of Materialism: How Evidence of the Paranormal is Bringing Science and Spirit Together*, Oakland 2009.

Vieira, Waldo: *Projectiology. A Panorama of Experiences of the Consciousness outside the Human Body*, Rio de Janeiro 2002.

Danksagung

Viele tragen dazu bei, dass ein Buch lebendig wird. Einigen möchte ich besonders danken:

Peter Michel und Annette Wagner vom Aquamarin-Verlag danke ich für unsere seit Jahren bestehende gute Zusammenarbeit und die schöne Gestaltung dieses mir am Herzen liegenden Buches. Wenn man sich als Autor gesehen fühlt, trägt dies sehr zum Gelingen eines Buchprojektes bei!

Danken will ich hier auch meinen Eltern. Gemeinsam haben wir viele Jahre ein Haus für Demenzkranke geleitet. Die Erfahrungen, die ich dort machte, so schwierig sie mir oft auch erschienen, führten mich in die weite Welt der spirituellen Philosophie und zum Schreiben.

Mein Dank gilt natürlich auch allen Leserinnen und Lesern meiner Bücher sowie den Besuchern meiner Workshops. Ihr Feedback liegt mir sehr am Herzen. Und ihr Interesse und Berührtsein motivieren mich zu tun, was ich tue.

Schließlich will ich meiner Frau Nella danken. Ihre Unterstützung ist von unschätzbarem Wert und ihre Liebe ein Geschenk.

Dänemark, im April 2023

Anmerkungen

1 Brihadaranyaka Upanishad, Übertragung ins Englische von Swami Prabhavananda und Frederick Manchester: *The Upanishads. Breath of the Eternal*, New York 2002, S. 80 (eigene Übersetzung).

2 Pim van Lommel: *Endloses Bewusstsein. Neue medizinische Fakten zur Nahtod-Erfahrung*, München 2013, S. 22.

3 Zit. in: Eben Alexander und Ptolemy Tompkins: *Vermessung der Ewigkeit. Sieben fundamentale Erkenntnisse über das Leben nach dem Tod*, München 2014, S. 25.

4 Tao Te King, Vers 52, aus der Übertragung ins Englische von Jonathan Star: *Tao Te Ching: The New Translation from the Tao Te Ching: The Definitive Edition*, New York 2008, S. 68 (eig. Übersetzung).

5 Tao Te King, Vers 25, aus der Übertragung ins Englische von Jonathan Star: *Tao Te Ching: The New Translation from the Tao Te Ching: The Definitive Edition*, New York 2008, S. 31 (eig. Übersetzung).

6 (Ex 20, 1–5).

7 Kaivalya Upanishad, ins Englische übertragen von Swami Prabhavananda und Frederick Manchester: *The Upanishads. Breath of the Eternal*, New York 2002, S. 116 (eigene Übersetzung).

8 Chandogya Upanishad, aus der Übertragung ins Englische von Swami Prabhavananda und Frederick Manchester: *The Upanishads. Breath of the Eternal*, New York 2002, S. 65 (eigene Übersetzung).

9 Vgl. John Davidson (Hg.): *A Treasury of Mystic Terms*, Part I: *The Principles of Mysticism*, Volume 6: *The Soul in Exile*, New Delhi 2003, S. 116.

10 Zhuangzi, aus der Übertragung von Victor H. Maier und aus dem Englischen übersetzt von Stephan Schuhmacher: *Das Buch der Spontaneität. Über den Nutzen der Nutzlosigkeit und die Kultur der Langsamkeit. Das klassische Buch daoistischer Weisheit*, Aitrang 2008, S. 199.

11 Yogasutra, Kap. 1, Verse 12–16.

12 Thomas-Evangelium, Logion 11, in: Ralph Skuban: *Das Thomas-Evangelium. Auf der Suche nach dem Himmelreich*, Grafing 2014, S. 37.

13 Hafiz, ins Englische übertragen von Daniel Ladinsky: *A Year With Hafiz. Daily Contemplations*, New York 2011, S. 122 (eig. Übersetzung).

14 Stanislaf Grof: *Kosmos und Psyche. An den Grenzen menschlichen Bewusstseins*, Frankfurt am Main 2007, S. 127.

15 Vgl. Swami Sarvananda: *Kathopanishad*, Mylapore, o. J., S. 21; vgl. auch: Swami Nikhilananda: *The Upanishads*, Volume 1, New York, S. 123.
16 Vgl. Swami Lokeswarananda: *Katha Upanishad*. Translated and with notes based on Shankaras commentary, Kolkata 1993, S. 29.
17 Vgl. Swami Lokeswarananda: *Katha Upanishad*. Translated and with notes based on Shankaras commentary, Kolkata 1993, S. 30.
18 Zit. in: Stephen H. Ruppenthal (Hg.): *The Path of Direct Awakening. Passages for Meditation*, Albany 2004, S. 71 (eig. Übersetzung)
19 Yogasutra Kap. 2, Vers 15
20 Yogasutra Kap. 2, Vers 9
21 Swami Sarvananda: *Katha Upanishad*, Chennai, o. J., S. 33 (eig. Übersetzung)
22 Brihadaranyaka Upanishad, Übertragung ins Englische von Swami Prabhavananda und Frederick Manchester: *The Upanishads. Breath of the Eternal*, New York 2002, S. 80 (eigene Übersetzung).
23 Sekito Kisen: Sandokai, übersetzt von Taisen Deshimaru: *Sandokai. Die Einheit von Essenz und Erscheinung*, Heidelberg 1978, S. 32.
24 Mehr zum Linga-Sharira und seine Einordnung in den Kontext der Sankhya-Philosophie in: Ralph Skuban: *Die Psychologie des Yoga*, München 2014.
25 Zum Thema Nahtod-Erfahrung vgl. z. B. Pim van Lommels große Studie: *Endloses Bewusstsein. Neue medizinische Fakten zur Nahtod-Erfahrung*, München 2013; Alexander, Eben: *Blick in die Ewigkeit. Die faszinierende Nahtod-Erfahrung eines Neurochirurgen*, München 2013. Zum Thema außerkörperliche Erfahrung vgl. z. B. Robert Monroes Bücher: *Der Mann mit den zwei Leben*, München 2005; *Der zweite Körper*, München 2003; *Über die Schwelle des Irdischen hinaus*, München 2003; William Buhlman: *Out of Body*, München 2005; Robert Peterson: *Praxis der außerkörperlichen Erfahrung*, Düsseldorf 2003.
26 Yogasutra Kap. 2, Vers 3–8.
27 Vgl. Charles Tart: *The End of Materialism. How Evidence of the Paranormal is Bringing Science and Spirit Together*, Oakland S. 22 ff.
28 Pim van Lommel: *Endloses Bewusstsein. Neue medizinische Fakten zur Nahtod-Erfahrung*, München 2013, S. 21.
29 Thomas-Evangelium, Logion 47, aus der Übertragung von Ralph Skuban: *Das Thomas-Evangelium. Auf der Suche nach dem Himmelreich*, Grafing 2014, S. 97.
30 Vgl. Ralph Skuban: *Die Bhagavad Gita. Das Weisheitsbuch fürs 21. Jahrhundert*, München 2013, S. 52.
31 Vgl. Swami Harshananda: *A Concise Encyclopedia of Hinduism*, Volume 2, Karnataka 2008, S. 540.

32 Vgl. Swami Harshananda: *A Concise Encyclopedia of Hinduism*, Volume 2, Karnataka 2008, S. 540.
33 Yogasutra Kap. 1, Vers 27–29, aus der Übertragung von Ralph Skuban: *Patanjalis Yogasutra. Der Königsweg zu einem weisen Leben*, München 2001, S. 56 f.
34 Joh 1.1 - 1.4, aus: Zürcher Bibel 2007, Nördlingen 2008.
35 *Yoga Chudamani Upanishad*, Mantra 87, ins Englische übertragen von Swami Satyadharma, New Delhi 2003, S. 212 (eigene Übersetzung)
36 Bhagavad Gita, Kap. 11; aus der Übertragung von Ralph Skuban: *Die Bhagavad Gita. Das Weisheitsbuch fürs 21. Jahrhundert*, München 2013, S. 126.
37 Mandukya Upanishad Vers 1, aus der Übertragung von Ralph Skuban, in: *Yoga Nidra. Tiefenentspannung und geistige Klarheit*, München 2012, S. 124.
38 Shankara; aus der Übertragung ins Englische von Swami Gambhirananda: *Eight Upanishads, With the Commentary of Shankaracharya*, Volume I, Kolkata 2008, S. 154 (eigene Übersetzung).
39 Paul Ferrini: *Denn Christus lebt in jedem von euch*, Bielefeld 2006, S. 104.
40 Kabir; aus der Übertragung von Ralph Skuban: *»In diesem Gefäß erklingt das Ewige«. Kabirs Yoga des Glücks. Poetische Texte des großen indischen Mystikers*, Petersberg 2013, S. 18.
41 Kabir; aus der Übertragung von Ralph Skuban: *»In diesem Gefäß erklingt das Ewige«. Kabirs Yoga des Glücks. Poetische Texte des großen indischen Mystikers*, Petersberg 2013, S. 21.
42 Vgl. Swami Nikhilananda: *The Upanishads*, Volume I, New York 2003, S. 144.
43 Swami Nikhilananda: *The Upanishads*, Volume I, New York 2003, S. 144 (eigene Übersetzung).
44 *Saint John of The Cross: Devotions, Prayers and Living Wisdom*, herausgegeben v. Mirabai Starr, Boulder 2008, S. 111 (eigene Übersetzung)
45 Yogasutra Kap. 2, Vers 31.
46 Swami Lokeswarananda: *Katha Upanishad.* Translated and with notes based on Shankara's commentary, Kolkata 2009, S. 87.
47 Invokation der Kena Upanishad, Übertragung ins Englische von: Swami Prabhavananda und Frederick Manchester: *The Upanishads. Breath of the Eternal*, New York 2002, S. 30 (eigene Übersetzung).
48 Yogasutra, Kap. 3, Vers 35, aus der Übertragung von Ralph Skuban: *Das Yogasutra. Der Königsweg zu einem weisen Leben*, München 2011, S. 294.
49 Vgl. Swami Nikhilananda: *The Upanishads*, Volume I, New York 2003, S. 146.
50 Swami Satyadharma: *Yoga Chudamani Upanishad. Crown Jewel of Yoga*, New Delhi 2003, S. 197 (eigene Übersetzung und Anmerkungen in Klammern).

51 Kabir; aus der Übertragung von Ralph Skuban: *»In diesem Gefäß erklingt das Ewige«. Kabirs Yoga des Glücks. Poetische Texte des großen indischen Mystikers*, Petersberg 2013, S. 64.

52 Vgl. Waldo Vieira: *Projectiology. A Panorama of Experiences of the Consciousness outside the Human Body*, Rio de Janeiro 2002, S. 245.

53 Bhagavad Gita, 2. Kapitel, aus der Übertragung von Ralph Skuban: *Die Bhagavad Gita. Das Weisheitsbuch fürs 21. Jahrhundert*, München 2013, S. 44

54 Eine umfassende Darstellung des Sankhya findet sich in: Ralph Skuban: *Die Psychologie des Yoga*, München 2014.

55 Elisabeth Kübler-Ross, zit. in: Pim van Lommel: *Endloses Bewusstsein. Neue medizinische Fakten zur Nahtod-Erfahrung*, München 2013, S. 112.

56 Dhammapada, Vers 218, aus der Übertragung von Eknath Easwaran: *Dhammapada. Buddhas zentrale Lehren*, München 2006, S. 201.

57 Dhammapada, Vers 80, aus der Übertragung von Eknath Easwaran: *Dhammapada. Buddhas zentrale Lehren*, München 2006, S. 141.

58 Eknath Easwaran: *Dhammapada. Buddhas zentrale Lehren*, München 2006, S. 144.

59 Vinaya-Pitaka I, 20–21, zit. in: Eknath Easwaran: *Dhammapada. Buddhas zentrale Lehren*, München 2006, S. 145.

60 Vgl. Swami Gambhirananda: *Eight Upanishads, With the Commentary of Shankaracharya*, Volume I, Kolkata 2008, S. 168.

61 Dhammapada, Vers 86, aus der Übertragung von Eknath Easwaran: *Dhammapada. Buddhas zentrale Lehren*, München 2006, S. 142.

62 Zhuangzi, aus: Thomas Merton: *Sinfonie für einen Seevogel. Geschichten und Meditationen des Zhuangzi*, Ostfildern 2012, S. 71.

63 Vgl. Swami Nikhilananda: *The Upanishads*, Volume I, New York 2003, S. 152.

64 Yogasutra Kap. 4, Vers 16.

65 Tao Te King, Vers 63, aus der Übertragung ins Englische von Jonathan Star: *Tao Te Ching. The New Translation from the Tao Te Ching: The Definitive Edition*, New York 2008, S. 81 (eig. Übersetzung).

66 Thomas-Evangelium, Logion 33, aus der Übertragung von Ralph Skuban: *Das Thomas-Evangelium. Auf der Suche nach dem Himmelreich*, Grafing 2014, S. 74.

67 Tao Te King, Vers 4, aus der Übertragung ins Englische von Jonathan Star: *Tao Te Ching: The New Translation from the Tao Te Ching: The Definitive Edition*, New York 2008, S. 5 (eig. Übersetzung).

68 Vgl. auch: Stanislaf Grof: *Kosmos und Psyche. An den Grenzen menschlichen Bewusstseins*, Frankfurt am Main 2007, S. 73 ff.

69 Vgl. Yogasutra, Kap. 2, Vers 9.

70 Genesis 2,7, aus: Zürcher Bibel 2007, Nördlingen 2008; zu den hebräischen Begriffen vgl. John Davidson (Hg.): *A Treasury of Mystic Terms.* Part I: *The Principles of Mysticism*, Volume 5, *Man and the Cosmos*, New Delhi 2003, S. 196.
71 Swami Nikhilananda: *The Upanishads*, Volume I, New York 2003, S. 163 (eig. Übersetzung).
72 Vgl. Swami Nikhilananda: *The Upanishads*, Volume I, New York 2003, S. 163 (eig. Übersetzung).
73 Yogasutra, Kap. 2, Vers 40, aus der Übertragung von Ralph Skuban: *Das Yogasutra. Der Königsweg zu einem weisen Leben*, München 2011, S. 287.
74 Thomas-Evangelium, Logion 80, aus der Übertragung von Ralph Skuban: *Das Thomas-Evangelium. Auf der Suche nach dem Himmelreich*, Grafing 2014, S. 143.
75 Vgl. Sankhya Karika, Vers 11.
76 Vgl. Thomas-Evangelium, Logion 56, aus der Übertragung von Ralph Skuban: *Das Thomas-Evangelium. Auf der Suche nach dem Himmelreich*, Grafing 2014, S. 113.
77 Predigt XXXIII, in: Meister Eckhart: *Deutsche Predigten*, herausgegeben und übersetzt von Louise Gnädinger, Zürich 1999, S. 341.
78 Shankara: Ein Blütenkranz von Versen über die Erkenntnis des Absoluten (Brahma-jnana-avali-mala), Vers 2; ins Deutsche übertragen von Emanuel Meyer und Christoph Rentsch, in: Sri Shankaracharya: *Sieben Kleinode geistiger Erkenntnis*, Argenbühl 2002, S. 21
79 Ex 3,14.
80 Sprüche 20,27, aus: Zürcher Bibel 2007, Nördlingen 2008.
81 Amrita Bindu Upanishad, zit. in: John Davidson (Hg.): *A Treasury of Mystic Terms.* Part 1: *The Principles of Mysticism*, Volume 2: *The Divine Eternity*, New Delhi 2003, S. 105 (eig. Übersetzung).
82 Bhagavad Gita, Kap. 13; aus der Übertragung von Ralph Skuban: *Die Bhagavad Gita. Das Weisheitsbuch fürs 21. Jahrhundert*, München 2013, S. 149.
83 Thomas-Evangelium, Logion 77, aus der Übertragung von Ralph Skuban: *Das Thomas-Evangelium. Auf der Suche nach dem Himmelreich*, Grafing 2014, S. 140.
84 Bhagavad Gita, Kap. 6; aus der Übertragung von Ralph Skuban: *Die Bhagavad Gita. Das Weisheitsbuch fürs 21. Jahrhundert*, München 2013, S. 90.
85 Sophokles, in: Clement of Alexandria, Exhortation to the Heathen II, zit in: John Davidson (Hg.): *A Treasury of Mystic Terms*, Part I: *The Principles of Mysticism*, Volume 2: *The Divine Eternity*, New Delhi 2003, S. 121 (eig. Übersetzung).
86 Ein detaillierte Darstellung des Energiekörpers findet sich in: Ralph Skuban:

Der Energiekörper. Die Aktivierung der feinstofflichen Kraftzentren, Grafing 2014, sowie in: Ralph Skuban & Richard Hackenberg: *Das Chakra-Yoga-Praxisbuch*, Grafing 2015.

87 Yoga Chudamani Upanishad, Vers 108, aus der Übertragung ins Englische von Swami Satyadharma: *Yoga Chudamani Upanishad. Crownjewel of Yoga. Treatise on Kundalini Yoga*, Bihar 2003, S. 255 (eig. Übersetzung).

88 Elisabeth Kübler-Ross: *Über den Tod und das Leben danach*, Berlin 2013, S. 13 f.

89 Kabir; aus der Übertragung von Ralph Skuban: *»In diesem Gefäß erklingt das Ewige«. Kabirs Yoga des Glücks. Poetische Texte des großen indischen Mystikers*, Petersberg 2013, S. 20.

90 Thomas-Evangelium, Logion 59, aus der Übertragung von Ralph Skuban: *Das Thomas-Evangelium. Auf der Suche nach dem Himmelreich*, Grafing 2014, S. 119.

91 Vgl. Sankhya Karika, Vers 29: »Die drei inneren Instrumente *(buddhi, ahamkara,* und *manas)* haben jeweils spezifische Aufgaben. Ihre *gemeinsame* Aufgabe ist es, die Vitalkräfte *(vayus)* zu stützen (und so die Aufrechterhaltung des Lebens sicherzustellen).« Zit. aus: Ralph Skuban: *Die Psychologie des Yoga*, München 2014, S. 251 (Hervorhebungen im Original).

92 Empedokles, zit. in: Stanislav Grof: *Kosmos und Psyche. An den Grenzen menschlichen Bewusstseins*, Frankfurt am Main 2007, S. 220.

93 Bhagavad Gita, Kap. 6; aus der Übertragung von Ralph Skuban: *Die Bhagavad Gita. Das Weisheitsbuch fürs 21. Jahrhundert*, München 2013, S. 95.

94 Elisabeth Kübler-Ross: *Über den Tod und das Leben danach*, Berlin 2013, S. 38 (eigene Hervorhebung).

95 Taittiriya-Upanishad, 6.1 (eig. Übersetzung auf der Grundlage von: Swami Satyananda Saraswati: *Nine Principal Upanishads*, New Delhi 2004, S. 221).

96 Yogasutra, Kap. 1, Vers 20, aus der Übertragung von Ralph Skuban: *Das Yogasutra. Der Königsweg zu einem weisen Leben*, München 2011, S. 284.

97 Tao Te King, Vers 16, aus der Übertragung ins Englische von Jonathan Star: *Tao Te Ching. The New Translation from the Tao Te Ching: The Definitive Edition*, New York 2008, S. 19 (eig. Übersetzung).

98 Bhagavad Gita, Kap. 11, aus der Übertragung von Ralph Skuban: *Die Bhagavad Gita. Das Weisheitsbuch fürs 21. Jahrhundert*, München 2013, S. 126.

99 Vgl. Shankara in: *Eight Upanishads. With the Commentary of Shankaracharya*, translated by Swami Gambhirananda, Kolkata 2008, S. 214.

100 Bhagavad Gita, Kap. 15, aus der Übertragung von Ralph Skuban: *Die Bhagavad Gita. Das Weisheitsbuch fürs 21. Jahrhundert*, München 2013, S. 158.

101 Swami Lokeswarananda: *Katha Upanishad. Translated and with notes based on Shankaras commentary*, Kolkata 1993, S. 163.

102 Shankara, aus der Übertragung ins Englische von: Swami Prabhavanda und Christopher Isherwood: *Shankara's Crestjewel of Discrimination. Viveka-Chudamani*, Hollywood 1978, S. 32 (eig. Übersetzung).
103 Shankara, aus der Übertragung ins Englische von: Swami Prabhavanda and Christopher Isherwood: *Shankara's Crestjewel of Discrimination. Viveka-Chudamani*, Hollywood 1978, S. 32 f. (eig. Übersetzung).
104 Hafiz, ins Englische übertragen von: Daniel Ladinsky: *A Year With Hafiz. Daily Contemplations*, New York 2011, S. V (eig. Übersetzung).
105 Shankara, aus der Übertragung ins Englische von Swami Prabhavanda and Christopher Isherwood: *Shankara's Crestjewel of Discrimination. Viveka-Chudaman*i, Hollywood 1978, S. 107 (eig. Übersetzung).
106 Vgl. Yogasutra, Kap. 2, Vers 10–11.
107 Yogasutra, Kap. 1, Vers 2, aus der Übertragung von Ralph Skuban: *Das Yogasutra. Der Königsweg zu einem weisen Leben*, München 2011, S. 274.
108 Vgl. Yogasutra, Kap. 1, Vers 39.
109 Hafiz, ins Englische übertragen von Daniel Ladinsky: *A Year With Hafiz. Daily Contemplations*, New York 2011, S. 29 (eig. Übersetzung).
110 Vgl. Swami Lokeswarananda übersetzt »Venen«: *Katha Upanishad. Translated and with notes based on Shankaras commentary*, Kolkata 1993, S. 181; Swami Nikhilananda sagt »Arterien«: *The Upanishads*, Volume 1, New York, S. 189; Swami Gambhirananda spricht von »Nerven«: *Eight Upanishads, With the Commentary of Shankaracharya*, Volume I, Kolkata 2008, S. 231; ebenso Swami Prabhavananda und Frederick Manchester: *The Upanishads. Breath of the Eternal*, New York 2002, S. 24; Juan Mascaro: *The Upanishads*, London 1965, S. 66.
111 Die wichtigsten feinstofflichen Elemente, die zusammen den Energie- oder Pranakörper bilden, sind: die fünf Vayus oder Energiefelder; die drei wichtigsten Nadis *Ida, Pingala* und *Sushumna*; die sieben Chakras sowie die abertausend Nadis, durch welche unsere Lebensenergie kreist (für weitere Informationen zum Energiekörper siehe auch: Ralph Skuban: *Der Energiekörper. Die Aktivierung der feinstofflichen Kraftzentren*, Grafing 2014).
112 Vgl. Julian Johnson: *The Path of the Masters. The Science of Surat Shabd Yoga. The Yoga of the Audible Life Stream*, Punjab 2012, S. 423.
113 Vgl. Swami Lokeswarananda: *Katha Upanishad*. Translated and with notes based on Shankaras commentary, Kolkata 1993, S. 183 (eig. Übersetzung).
114 Robert Monroe, in: *The Ultimate Journey*, zit. in: Stanislav Grof: *Kosmos und Psyche. An den Grenzen menschlichen Bewusstseins*, Frankfurt am Main 2007, S. 115.

Ralph Skuban

Der Energiekörper

Ralph Skuban verknüpft in diesem Buch das alte Wissen des Yoga mit den Erkenntnissen westlicher Psychologie und moderner geisteswissenschaftlicher Forschung! Die feinstofflichen Energien liefern die Grundlagen für das menschliche Befinden. Wenn die Kraftfelder des Menschen harmonisch schwingen, wird der Einzelne voller Vitalität durch das Leben gehen. Um einen solchen Zustand herbeizuführen, liefert dieses Buch zahlreiche Übungen und Meditationsschritte, die es auf leichte Weise ermöglichen, den eigenen Energiehaushalt zu stärken und auszubauen. Vor allem Skubans Beschreibungen der Chakras und ihre Bedeutung für bestimmte seelisch-körperliche Prozesse stellen einen völlig neuen Zugang zu den Kraftquellen des menschlichen Körpers dar! Ein hilfreicher und mühelos anwendbarer Ratgeber, um das persönliche Energiefeld zu stärken und mit neuer Vitalität zu erfüllen!

978-3-89427-935-6, Broschur

Ralph Skuban

Yoga-Meditation

Dr. Ralph Skuban zählt zu den bekanntesten Yoga-Lehrern des deutschen Sprachraumes. Er hat große Klassiker zum Thema Yoga und Atem (Pranayama) geschrieben. In seinen vielen Kursen treten immer wieder Menschen an ihn heran, die nach einiger Zeit der Ausführung von Yoga-Übungen einen Schritt weitergehen möchten – einen Schritt nach innen.

Für alle diejenigen, die noch keine große Erfahrung auf dem Weg der Meditation gesammelt haben, bietet dieses Einführungsbuch wertvolle Hinweise, um auf dem Pfad nach innen nicht in die Irre zu gehen oder weit verbreitete Anfängerfehler zu begehen.

Ein Einstiegsbuch für Menschen, die ihre ersten Schritte ins „Licht der Seele" machen möchten. Ein Praxisbuch, das hilfreich für jeden ist, der die innere Ruhe sucht!

978-3-89427-857-1, Broschur